꽃은 젖어도
향기는 젖지 않는다

# 꽃은 젖어도
# 향기는 젖지 않는다

강창구 지음

서로 나누는
통일이야기

좋은땅

저는 10여 년 전 평통 외부인으로서 민주평통의 역할에 대한 매우 부정적인 글을 언론에 기고해서 그 당시에 몇몇 분들에게 항의를 받은 적이 있었습니다.

그럼에도 불구하고 그런 평통 워싱턴 협의회 회장을 맡아서 이렇게 2년을 보냈습니다. 참 기구한 운명입니다. 그동안 수많은 잡글에서 '필생의 업'이자 소원으로 '민족의 통일'을 노래했고 주장해 왔습니다. 숙명이었던지 평통 회장직을 맡게 되었고 어느덧 임기가 다 되었습니다.

한편으로는 이번 제20기 민주평통 워싱턴 협의회장을 맡게 되면서 이론과 현실이 공존하는 현장을 경험하는 귀한 시간을 보냈다고 생각합니다. 임기 2년 중 중간인 1년을 지나면서 전문적 학술 논문 정도는 아닐지라도 통일 관련 일반 논문을 한번 써 볼까 하고 1개월 정도 준비하다 보니 참고 도서 자료의 확보가 어려웠습니다. 하는 수 없이 이 책으로 대신하기로 마음을 돌렸습니다. 차일피일하다가 지난 4월초부터 2권의 칼럼집을 동시에 진행 집필하게 된 것입니다.

그 짧은 2년 동안에 저에게는 크게는 2번, 적게는 4번 정도의 시련과 고비가 있었습니다. 워싱턴 평통 내부적인 일, 워싱턴 동포 사회와 미주 동포 사회와 관련된 일, 본국의 사무처 및 평통 정통성과 관련이 된 일 등 평온한 듯했지만 때로는 혼자 감당해 내기 어려운 일들이 있었습니다.

단체생활, 또는 리더가 되었을 때 금방이라도 목에서 나오려고 해도 삼켜야 할 딱 두 가지가 있다면, '그만두고 싶다. 내가 돈을 썼다.'가 그것입니다. 이는 대부분 아는 것이지만 필자는 가급적 지킬려고 노력했습니다.

지금도 그렇지만 짧게 말하는 요령이 다듬어지지 못해서 그때그때 자문 위원님들과 소통을 위해서 매주, 또는 격주 간격으로, '서로 나누는 통일 이야기(1~51회)'를 시리즈로 나누었습니다. 그렇게 소통한 글들을 워싱턴 한국일보와 개인 SNS를 통해서 동포 사회로 내보내기도 했습니다. 2021년 9월에 2년 임기를 시작해서 2023년 8월 말에 마칩니다.

중간에 대선이 있어서 제 임기 시작 6개월 만에 정권이 교체되고 의장이 바뀌었습니다. 끝날 때쯤이 되니 대외적으로 소란스러웠던 미주지역회의 부의장 해촉 문제 등으로 속절없는 시간들이 지나갔습니다.
임기 초기에 스태프가 교체되는 아찔한 상황과 엉뚱한 민원 문제로 불쾌와 모욕을 감내해야 했습니다.

'침묵은 한량없이 깊은 언어'임을 압니다.

저는 감히 말씀드립니다. 흥사단의 '인물 기르기'나 인재 양성, 후진 양성이 몸에 밴 사람입니다. 선의의 경쟁이라도 가급적 먼저 양보하는 사람입니다. 관련된 서너 건들은 모두 그분들을 위하고 존중해 드리려 했다는 게 제 진정입니다.

그런 과정 과정의 아픔과 상처를 되짚는 게 반드시 옳다고는 생각지 않으나 비망록으로나마 남기는 것 또한 제 삶의 일부다 생각했습니다만 최종 교정 단계에서 많은 부분을 접기로 했습니다.

부임 초기 생소했던 자문 위원 한 분 한 분들이 벌써 제 마음속 깊이 자리하고 있습니다. 사려 깊지 못했던 부분들도 있을 수 있겠고, 아직도 서운한 조각들이 남아 있을 수 있겠으나 워싱턴 동포 사회에서 다시 만날 일들이 분명 있다고 봅니다. 작게는 민주평통 협의회 내의 화합과 소통, 좀 더 넓히면 18만 워싱턴 한인 동포 사회의 대표 기관으로서 상호 간의 존중과 화합을 이루는 것이 통일의 전 단계가 아니겠는가 하는 소신과 철학을 갖고 실천, 행동하려고 했습니다.

제 주변마저도 화합과 통합을 못 하면서 무슨 통일 어쩌고 한다는 것이 제게는 낯부끄러울 일이었습니다.

또한 한국 내에서 이 책을 펼칠 가족, 친구, 지인들께는 책을 통해서 안부합니다. 이민을 가더니 별일들을 다 하고 있구나 하지 마시고 만리타향에서 하는 통일 운동보다는 국내에서 '민족 통일'에 대해 시들어 가는 관심을 성찰하는 데 일조가 되기를 소망합니다.

'통일'을 이야기하려고 하면 벌써 고개부터 돌려 버리는 세태입니다. 이번 네 번째 칼럼집의 책 제목을 고민 끝에 마치 수필집같이 부드러운 느낌이 들도록 '꽃은 젖어도 향기는 젖지 않는다'라는 은유적 제목으로 바꿀 수밖에 없게 된 사연을 부연합니다.

그것은 저의 임기 시작 때, 임명권자(문재인)와 마칠 때 의장(윤석열)이 바뀌는 상황에서 극도의 정체성 혼란을 겪게 됩니다. 제 주변들이 소용돌이에 휘말리는 불편한 진실, 불편한 동거의 시기가 연일 이어지면서 본연의 직무까지 영향을 받았고 황당무계함도 생겼지만 결코 흔들리거나 조급하지 않았던 덕에 감사함으로 무사히 임기를 마칩니다.

제20기 민주평통 워싱턴 협의회 자문 위원 여러분께 감사드립니다. 헌신을 아끼지 않았던 김유숙 간사, 최은희 수석 부회장, 임원단, 고문단 여러분께 이 책을 헌정합니다.

아울러 졸고를 세상에 내보내 주신 워싱턴 한국일보 여러분과 중앙일보, HI USA, MANNA24 등 언론 관계자 여러분께도 감사합니다. 또한 항상 마음으로 응원해 주셨던 사람 사는 세상 워싱턴 멤버 여러분과 워싱턴 민주 원로분들께도 지면으로나마 감사함을 전해 드립니다.


2023. 8.

워싱턴에서 강창구 올림

프롤로그 영욕의 2년을 이렇게 마칩니다 4

## 임명, 그리고 100일

회장 임명 통보 12 | 민주평통의 정체성 17 | 인수인계 19 | 스태프 임명의 막전 막후 21 | 전직 회장과의 회동 24 | 출범식 27 | 조직과 사업과 재정 29

## 2021, 트레일러 후진해 본 적 있습니까?

아주 작은 인내심, 그러나 큰 성과 38 | 술 한잔 털어 넣으면 없어질 억울함 41 | '시작은 절반이 아니라 전부다(?)' 44 | '힘을 내는 원리' 47 | '트레일러 후진해 본 적 있습니까?' 49 | 조사(弔辭) 53 | '그때 가 봐야 알겠는데…' 56 | '초인'을 기다리며… 59 | 빠라 띠(Para ti) 62 | 워싱턴에서 본 한반도와 평화 공공외교 66 | 가는 정 오는 정 74 | '근데, 네가 왜 거기서 나와' 78 | 내부 고객 만족이 최우선 83

## 2022, 공감과 설득의 징검다리는 촘촘할수록 좋다

2022년 새해 인사 88 | '타협이냐, 변절이냐' 91 | 위기 극복의 슬기 96 | Good News, Bad News 99 | '엄마가 좋아, 아빠가 좋아?' 103 | A bird in the hand is worth two in a bush 108 | 창공은 낙원이란다 113 | 꽃은 젖어도 향기는 젖지 않는다 118 | 고장 난 벽시계 124 | 손흥민 128 | 2022 세계 여성 콘퍼런스 행사 후기 132 | 미래와 운명의 불확실성 앞에 겸손하라 135 | 사람 사는 세상 140 | Moment of truth 145 | '명태, 명태라고 음하하하' 150 | '의복은 날개이고 인격이다' 154 | 너

의 생각 나의 행동 157 | 공감과 설득의 징검다리는 촘촘할수록 좋다 161 | 남자의 시선, 여자의 시각 165 | 경험, 그 무시하지 못할 위력 169 | '잘 노는 것도 중요한 일이다' 173 | 가르치고 가르치고, 또 가르쳐야 한다 177 | 무서운 단절의 시대 182 | 통일은 오른 길도 왼 길도 아닌 '옳은 길'이다 186 | 가거라 삼팔선 190 | 가을 장작은 봄을 기다리는 준비다 194 | 친정이 잘나가면 안 먹어도 배부르다 198 | 우리는 민주당도 공화당도 아닌 대한당이다 203 | 골프와 통일 208 | 헤어지면 그리웁고, 213 | 슬로비디오, 느림의 미학 218 | '사랑에 속고 돈에 울고' 223

## 2023, 사람이 곧 하늘이다

2023 신년사 228 | 지치지 말고 기승전 통일이다 230 | 사람이 곧 하늘이다(人乃天) 233 | 가까이서 지켜본 미주 부의장 직무정지에 대한 소고(小考) 237 | '누구를 위하여 좋은 울리나' 249 | 3·1절에 못다 한 이야기 253 | '소는 누가 키우고, 책은 뭐에 쓰는 물건이냐' 257 | 들러리 인생, 들러리 국가 261 | 대의멸친(大義滅親)하라 266

# 임명, 그리고 100일

# 회장 임명 통보
### (한밤중에 걸려 온 한국 전화)

2021년 8월 27일 금요일, 바쁜 주말 가게 마감을 하고 나면 몸이 좀 노곤하다. 집에 와서 늦은 저녁을 마치고 아내는 윗층으로 먼저 올라간 뒤에 1층 서재에서 잔무를 보고 있었다. 밤 11시쯤, 그 시간이면 좀처럼 울리지 않을 전화벨이 울렸다. 스팸전화도 그 시간에는 안 온다. 앞자리가 '82—'로 시작하는 한국 전화였다. 밤중에 한국에서 걸려 오는 전화는 대개 불길하다. 어머니, 아버지 돌아가셨을 때가 그랬다.

낯선 남자분이, '여기는 한국의 평통 사무처입니다. 강창구 회장님 맞습니까?'
'네, 맞습니다.'
'회장님, 회장님 되심을 축하드립니다….'

이렇게 민주평화통일자문회의 제20기 워싱턴 협의회 회장 임명을 통보받았다. 이날은 임기 시작이 불과 3일밖에 없는 시점이었다.
제19대 문재인 대통령이 의장으로 있는 헌법기관으로서 민족의 평화적 통일을 자문하는 전 세계 45개 협의회 중 의전 서열 1번인 워싱턴 협의회의 2년을 그렇게 맡게 된 것이다.

'강 회장, 올해 몇 살입니까?' 임기 시작 후인 9월 초순 워싱턴 D.C에 있는 주미한국대사관 관저에 새로 임명한 스태프들과 인사차 방문한 자리에서 이수혁 주미 한국 대사님께서 내게 묻는다.

'1957년생이니 64세입니다.'
'언제 이민 왔어요?'
'2002년에 왔습니다. 만 19년되었습니다.'
'이민 19년 된 사람이 워싱턴 평통회장이 되었단 말이야!!'
'열심히 하겠습니다.'

그랬다. 이민 19년 차, 나이 47 늦은 나이에 친구, 친척 하나 없는 미국에 무작정 이민을 떠나와서 열심히 산다고 살았다. 이민 생활이라는 게 말을 해도 안 해도, 그게 어느 나라이건 간에 아주 비슷비슷하다고 생각된다. 가끔 고국에 해외동포 출신들이 참석하는 행사에 가서 보면 '이민 생활'들이 군대 생활처럼 아주 비슷하다는 걸 직감할 수 있다.

이게 내 자신이 원했든지, 세상이 내게 맡겼든지 현실이 된 마당에 '이제부터 뭘 어떻게 하지?'
'대저(大抵) 평통은 무엇이고, 평통회장은 무엇 하는 자리인가.' 전화를 내려놓고 한동안 자리에서 생각을 했다.

이민 5년 만이던 2007년에 겨우 시작한 조그만 비즈니스가 2008년 세계 금융위기를 맞아서 급전직하로 움츠러들고 있고, 당시까지 영주권 문제도 해결 난망인 상태에서(영주권은 이민 10년차이던 2012년에 받음) 온 가족이 우울하기까지 했던 시절에 2009년 5월 노무현 대통령의 서거 소식은 커다란 분노의 표출구가 되었다. 그동안까지는 가끔 흥사단 일을 좀 돕고, 교회 나가고 등등 철저한 개인 생활하기에도 벅차고 힘든 나날이었다.

그렇게 해서 만난 시민 단체 '사람 사는 세상 워싱턴'은 이민 생활의 또 다른 큰 축이 되었다.

개인 생활에서 '시민 활동'으로 접어드는 전환점이자 계기가 된 사건이었죠. 만나서 진지하게 토론하고 본격적으로 한국의 정치, 사회, 민족, 통일, 역사에 대한 칼럼을 쓰기 시작하였다. 워싱토니언으로서 워싱턴 동포 사회에 대한 관심도 점차 많아지고 이때부터 이민 사회 각 분야도 본격적으로 칼럼에서 다루기 시작하게 되었다.

2012년 10월 18대 대선(박근혜, 문재인, 이정희)에서 당시까지 영주권자이던 신분과 이러저러한 경우들이 겹쳐서 나도 모르는 사이에 통합민주당 문재인 후보 워싱턴 선거 대책 본부장이라는 비공식 조직의 대표가 나에게 주어졌다. 이런 게 '정치(政治?)'에 접어드는 것인가, 어리둥절하고 거절할 겨를도 없었다. 정치학은 학부의 전공(專攻)이었지만 대학 졸업반이던 1983년 당시 동아일보 기자직에 응시했다가 낙방한 뒤로는 전혀 생활 밖의 일이 되었고, 더군다나 뒤늦게 이민까지 와서 한국 정치에 관심을 둔다는 것은 상상도 못 했다. 그렇게 운명은 흘러가고 있었다.

평통회장 임명 보도(2021년 8월 30일 워싱턴 한국일보)

이수혁 주미 한국대사의 관저 초청 기념사진

제 18대 대선 참여 운동 워싱턴 본부 결성식(2012년 12월 7일)

# 민주평통의 정체성

미국에 와서 살다 보니 해가 갈수록 아는 사람도 늘고, 한국에서 알았던 지인들도 타주에서 살고 있다는 것도 건너 건너 알게 되었다. 다음 날 눈뜨자마자 18기, 19기 동안 타주에서 평통회장을 두 번 마친 대학 선배에게 전화를 돌렸다. 역사 공부를 하셨고, 학군장교 출신에 미국 유학과 한인회장까지 마친 다양한 경력이 있는 분이다.

우선 축하부터 하신다. 걱정 반 기대 반의 말씀으로 운을 떼기 시작한다. 아주 다각도에서 지난 4년간의 경험과 특수 상황에 대한 이야기를 전해 주셨다. 참 감사한 분이다. 그리고 말씀 하나하나를 명심했다.

결론적으로 '무보수 공무원이라고 보면 된다.'라고 말을 맺었다.
'공무원'(?) 국가관, 중립적, 신분보장, 무사안일….

멀리 캐나다에서 현직 회장을 하고 있는 친구로부터 전화가 왔다. 알고 지내 온 지도 45년이 넘는다. 두뇌가 비상한 친구다. 같이하게 돼서 반가웠다. 벌써 3번째다 보니 협의회 운영에 대해서는 망라했을 것 같다. 차차 할 이야기를 나누기로 하였다.

작명(作名)은 세상살이에서 매우 중요하다. 때로는 사람 이름도 운명 지어 생각하는 경우가 종종 있다. 대부분의 단체나 조직은 명칭에 그 단체의 '목적과 사명'이 담겨 있다고 보면 무방하다. 만약 시대가 변해서 목적과 임무가 바뀌거나 바뀌야 될 상황이 되면 이름부터 바꾼다.

이것이 소위 '정체성(正體性)'이다.


법제처에서 하는 일은 대한민국의 법령안을 심사, 해석하는 일이다.

그래서 법률가들이 가장 집중하는 것이 자구(字句)이다.


'민주, 평화, 통일, 자문, 회의'가 평통의 정체성인 이유이자 결론이다.

# 인수인계

## (임명 후 첫 번째 일)

사람이 경험의 한계를 뛰어넘는 경우는 매우 드물다고 믿는다. 지금도 그렇다. 모든 것은 경험자에게서 충실하게 듣고 또 들어야 한다. 한국에서 군대 3년, 직장 17년, 학창 때까지의 '조직 생활'에서 체득한 모든 경험을 동원해야 했다. 이민 20년간 쌓아 왔던 주변과 함께 활동했던 관계들도 생각이 났다. 그런 의미에서 직전 회장단이 매우 중요하다.

'승계의 예(承係의 禮)를 갖추겠습니다.' 이는 동포 언론에 내보냈던 첫 번째 인사말이다.

조직은 인수인계만 잘 이루어도 절반은 이룬다. 전임자와 후임자는 운명적이다. 마치 부모 자식 같은 사이다. 부모의 공덕을 받들고, 자식의 장래를 열어 주는 일은 누구나 잘 알지만 실천 여부는 천차만별이다. 오히려 꼬이고 파탄 내 버리는 경우가 훨씬 더 많은 것이 현실이다.

그래야 할 이유를 나는 지금도 잘 모른다. 이것은 비즈니스 세계에서도 마찬가지다. '못된 것은 조상 탓, 잘한 것은 자기가!' 하수(下手)중에 하수다.

'전임 간사'에게 전화를 했다. '오늘은 바쁘다.'라고 한다. 그래서 '알았다.'라고 했다. 잠시 후에 다시 전화가 왔다.

2시에 만날 장소를 정했다. 고마웠다.

약 2시간여 동안 일반 업무, 조직, 스태프, 재정, 예산, 사업 등 인수인계 사항들을 세세하게 알려 주었다. 고맙고도 감사한 촌각의 시간이었다. 그와는 10여 년 전 같은 교회 교인으로 한동안 지낸 뒤 이사하면서 교회를 옮기게 된 뒤 자주 연락을 못 하고 지내던 사연(私緣)이 있다.

전임 이재수 회장과는 며칠이 지난 다음에 19기 핵심 참모진으로부터 비품과 물품들을 인계받으면서 식사와 환담을 나누면서 수고에 감사드렸다. 지향점이 크게 다르지 않았고, 서로에 대해서 겹치는 부분은 공유할 것으로 생각했다. 앞으로 닥쳐올 일들은 오롯이 나의 길이요, 책임이라는 생각뿐이었다.

# 스태프 임명의 막전 막후

그 하루 이틀 사이에 만나고 전화하는 사람들마다 한결같이 간사의 중요성과 막중함을 강조하였다.

'그만큼 중요한 위치구나.'라고 생각은 했지만 지나고 보니 그랬다.

추천이 몇 군데서 자천타천 왔다. 94명의 명단이 이메일로 왔지만 이름 정도 아는 몇 사람을 제하면 90%는 모르는 분들이었다. 생각 같아서는 시민운동을 하고 호흡 맞춰 왔던, 그리고 행정 업무에 출중했던 주변 친구들을 떠올려 보기도 했다. 하지만 현재 위촉위원 신분이 아니었다. 할 수가 없는 상황인 것이다.

임기 시작 2021년 9월 1일 시작인데, 간사 추천을 9월 5일까지 하라고 한다. 주저할 시간도 없고, 선택의 여지도 없고, 전임 간사와의 인수인계 과정에서 이미 충분히(?) 서로 간에 말이 오갔던 분을 결정 키로 했다. 무난하다고 생각했다.

수석 부회장이 그렇게 중요한지를 또한 몰랐었다. 역시 지나고 보니 그랬다. 그렇지만 누굴 알아야 선택을 하든지 말든지….

몇 군데서 수석 부회장 추천과 관련해서 카톡과 청원이 왔다.

생전에 경험해 보지 못한 일, '이게 도대체 뭔가?'
우선 추천이 된 분들부터 면담하는 게 순서라고 생각했다.

물었다. '부부 싸움 하세요? 했을 때 어떻게 마무리하세요?'
조직과 단체생활에서는 두 가지를 만난다. 일과 사람이 그것이다. 일이 목적이지만 그 목적을 위해서 하는 일을 사람이 한다. 거기에서 문제가 생겼을 때 어떻게 할 것인가. 신뢰가 가장 중요하지만 그 신뢰가 깨질 위험이 항상 있는데 그럴 상황이 생기면 어떻게 할 것인지를 물어본 것이다.

세계 정치 1번지, 민주평통 워싱턴 협의회의 핵심 스태프 간에는 이전에 어떤 곳에서 누구와 무슨 일을 해 왔던 간에 워싱턴 민주평통의 비공식 최고 의결, 논의를 해야 할 핵심 참모, 스태프와 회장 사이에는 간극이 없을수록 좋겠고, 없어야 하지만 적어도 그럴 수 있는 사람이 필요하다고 생각했다. 아주 오래전에 알고 지냈다고 해서 신뢰가 깊다고 단정하지 않는다. 만난 지 얼마 되지 않아도 신뢰를 다지면 된다고 믿는다.

가령 신뢰가 누적된 시간개념이라면 가족 간에 가장 신뢰가 깊어야겠지만 그렇지 않다는 걸 주변에서 많이 보게 되는 이치와 같다.

취임 기자회견(2021년 9월 10일 워싱턴 한국일보)

# 전직 회장과의 회동

직전 회장도 물론 중요하지만 도대체 어느 분들이 이 자리를 거쳐 가셨는가, 이것은 기본 중의 기본이라고 생각했다.

특별하게 순서도 없다. 작고하신 분들은 저를 기억할 이유도 없을 테고….

우선 모든 전직 회장님들의 전화번호를 입수했다. 연락이 닿는 대로, '회장님 안녕하세요. 이번에 임명받은 민주평통 워싱턴 강창구 회장입니다.'

연락 두절, 전화 무통, 이분들도 만만치가 않았습니다.
산전수전 공중전, 텍스트를 주고받고도 한참 후에야 이미 작고하신 전직 회장님을 제외하고 생존해 계시는 분들은 거의 연결이 되었습니다.

제가 안타까워 보였던지, 기특해 보였던지 나중에 워싱턴 총영사께서, '전직 회장님 초청 식사 자리를 마련해 주시면 제가 한번 기꺼이 모시겠습니다.'라는 초청 계획까지 말씀해 주셨다.

감사한 마음으로 노력을 했지만 끝내 성사를 못 했다.

개인적으로 다섯 분의 존경하는 선배 회장님들과 개별적인 식사 자리를 갖고, 축하와 함께 많은 조언을 경청했다.

1기 마종인

2기 마종인

3기 박호설

4기 박호설

5기 오학근

6기 이완수

7기 이완수

8기 이종연(이전의 회장님들은 고령이거나 작고로 연락처 부재)

9기 최병근

10기 김응태(작고)

11기 김영진(연락처 부재)

12기 이용진

13기 이용진

14기 이동희

15기 홍희경

16기 황원균

17기 황원균

18기 윤흥노

19기 이재수

20기 강창구

21기 (???)

# 출범식

출범식, 참 중요하긴 하다. 출발이 모든 걸 좌우한다. 그리고 잘해야 한다.

그런데…,

나는 약간 생각이 달랐다. 무슨 일이든지, 심지어 인생도 끝이 더 좋아야 한다. 대부분의 사람들이 동의하지만 실제는 그렇지 못하는 경우가 더 많다.

나는 그런 일반에 대한 반동 때문이 아니고 항상 그래 왔다. 처음 시작할 때는 대단한 목적이나 목표를 두고 시작하지 않는다. 어느 정도의 얼개만 가지고 출발은 하되 시작하고 나서 그때그때 시점마다 최상의 선택을 하면서 전진한다. 대신에 한번 시작한 일은 좀처럼 중도에 그만두거나 포기하지 않는다.

그래서 '끝이 아름다운 모습'은 나에게는 항상 로망이자 소명(召命)이다.

출범식 준비 등으로 취임 1달 반 동안 요란했다. 고생한 스태프와 임원님들께 감사했다. 나의 내심과는 조금 달랐지만 그렇게 수고하는 모습에 출발부터 마음의 빚을 안게 된 것이다.

제20기 민주평통 워싱턴 협의회 출범식(2021년 10월 28일)

# 조직과 사업과 재정

(조직)

임기가 끝날 즈음에 시끄러운 미주지역 문제가 한창일 때 한국에서 지인의 전화가 왔다. 한참 이야기를 하다가,

'평통에 무슨 상하가 있느냐, 무보수 명예직은 거의 수평적 조직 체계로 보면 된다.'

딱 맞는 내 생각을 한마디로 정리해 주셨다.

1990년대 IMF 시절 전후로 한국에서는 사장(社長)이라는 직함이 순식간에 사라져 버렸다. 대신에 CEO라는 직책이 등장하면서 '대표(代表)'라는 직함으로 대체되었다. 평통은 헌법기관으로 그동안 개헌 과정이 없다 보니 문구 수정을 못 하고 지금도 40여 년 전의 직함인 회장(會長), 의장(議長) 직함이 그대로 남아 있다. 권위주의적 유산이다.

다만 '협의회(協議會)' 또는 자문회의(諮問會議)에는 민주적인 내용과 해석이 조금 엿보인다. 따라서 조직의 임원과 담당 분과위의 부회장, 위원장이라는 직책도 부대표, 팀장 등으로 점차 개선해야 할 부분이다. 만

약 변경에 따르는 번잡함이 있다면 적어도 그 기능만큼이라도 탈권위적인 자세와 마음이 요구된다고 하겠다.

또한 평통법 제4조(위원의 위촉)에 의하면 '주요 사회단체 대표급 인사'를 추천토록 되어 있어서 '겸직'에 따르는 내부적인 이해관계 충돌 문제가 필연적으로 발생될 원인들을 안고 있는 것이다.

단체의 대표나 회장들은 해당 단체의 책임과 관심이 더 많을 수밖에 없고, 그 단체를 잘 이끌도록 해야 했다. 그래서 일단 임원에서는 배제한다는 원칙을 세웠다. 나도 또한 시민 단체 대표(사람 사는 세상 워싱턴) 직를 후임자에게 곧바로 넘겨주었다.

7개 분과위원회에는 부회장, 위원장, 부위원장 등 직급 인플레가 크다고 느껴서 부위원장을 분과위 '총무'로 실무형 명칭을 쓰도록 했다.

고문단이 있었다. 참 중요한 국가적 자산이고 인재와 경험의 보고(寶庫)라고 생각했다. 각 분과위에 각각 2~3명씩 밀접 배치해서 실무와 실제에 도움을 주고받을 수 있도록 하였다. 고문단이 되면 '뒷방 늙은이' 취급받는다는 관념을 줄여 보겠다는 생각이었다.

서문에서도 잠깐 언급했지만 살아오면서 경험에 의하면 조직 단체생활에서 낙오되지 않으려면 아래 두 가지 명심할 게 있다.

첫째, '그만두겠다.'라는 말을 함부로 하지 않는다. 뜻을 건의로 관철시키려고 최대한 노력을 해 봐서도 안 되겠다 싶으면 '말없이' 아주 조용히 끝내는 게 좋다. 쉽지 않지만 많은 분들이 이게 잘 안 된다.

둘째, '돈 생색내지 않는다.' 대신에 결산은 정확히 한다.

이민 20년 만에 처음 만들어 본 명함이다. 400장을 만들었는데 아직도 200장이 남아 있다

(사업, 프로그램)

임명받자마자 '평통 매뉴얼'을 열독(熱讀)했다. 읽고 또 읽었다. 세 번 정도 읽고 나니 뭔가 해야 할 일들이 보이기 시작했다.

안 그래도 딱딱하게만 느껴지는 '통일'에 대한 이슈나 콘텐츠를 어떻게 하면 정감 있고 흥미롭게 대할 수 있을까.

중·반복되는 콘텐츠(학습 내용)를 과감하게 줄여 버리기로 했다. 우선 내부의 프로그램은 일단 '재미있어야 한다.'에 집중하기로 했다.

그래야 동참과 공감을 이룰 수가 있기 때문이다.

과거 교육부장 시절에 즐겨 적용했던 프로그램의 역발상, 발상의 전환 등이 떠올랐다. 마케팅론의 기본 바탕이자 고객중심주의 이론이다. 교회에서 신앙 심화 과정보다 관계성에 비중을 꾀하려는 노력도 이와 상통하는 이치이다.

'평통 저것들 맨날 자기네끼리 놀기만 한다.'라는 외부의 시선을 의식하지 않기로 했다. '경우에 따라 차이가 있겠지만 그런 통일 방법론만 지루하게 듣고 일방적으로 주입시키고, 밥 먹고 헤어지는…, 그런 반복 프로그램 때문에 지레 질려 버리게 해서는 안 되겠다고 생각했다.

물론 필수 불가결하고 긴요한 내용 이외에는 이미 개발되어 제공되는 영상이나 콘텐츠는 개인적으로 학습하는 것으로 했다. 외부나 사무처의 학술적 요청 요구에 대해서는 회장이 대표해서 협의회 내의 전문가 그룹들과 상의해서 처리하면 될 것이라고 생각했다.

(재정)

워싱턴 협의회 출범식이 미주 20개 협의회 중에서는 가장 나중 (10/28)에 이루어진 관계로 출범식이 끝나자마자 11월이 되어 버렸고, 바로 연말이 다가왔다. 분과위별 소모임을 계획하였다. 그리고 시행하였다. 예산을 1인당 얼마씩 일괄 책정했다. 납세자 귀속의 일종이었다.

평통의 재정과 예산은 각 협의회마다 각양각색이지만 서로 묻기도 곤

란하다. 나중에 보니 거의 비슷비슷했다.

임기가 끝나고 나서 정리해 본 제 경험치로는 1/3, 1/3, 1/3로 예산을 책정하는 것이 일반적일 듯하다.

1/3은 본국 사무처의 지침에 따른 프로그램 사업승인 절차에 따라 본국으로부터 확보하는 재정이다. 매우 까다롭고도 긴축예산이 기본이기 때문에 항상 현지에서는 많이 부족하다고 보면 맞다.

1/3은 자문 위원의 자체 회비(기수별 회비 1,000불)다. 본국 사무처와는 상관없는 일이고 이를 명문화하기에도 문제가 될 수 있기 때문에 그야말로 불문율이다. 과거에서부터 관례적으로 내려왔다. 재정의 책임은 최종적으로 대표인 회장이다. 위원의 숫자가 중요한 지점이라는 걸 직감했다.

1/3은 기부금으로 충당되는 재정구조다. 인원이 적으면 기부금도 비례해서 적다. 회장의 현재적 역량이자 개인적인 미래의 빚이기도 하다.

'숫자와의 노력과 좌절'을 절감했던 사안이다. 지금도 아쉬움이 아주 많다.

십부장, 백부장, 천부장은 리더의 도량과 능력을 말해 주는 성경적 용어다. 이에 대한 이야기만으로도 너무 많다. 결국 숫자에 굶주리고 굶주리다가 임기를 마쳤다. 대신에 차기인 21기에는 약 2배 이상인 140여 명(?)의 자문 위원 위촉 신청자를 받게 되어서 누가 뭐래도 전임자로서 할

일의 일부라도 했다고 스스로 위로하기로 했다.

위원 각자가 납입한 회비가 어디로 사용되는가,

그 집행과 결산은 공정한가, 납세자의 권리가 어느 정도 보호되고 있는가, 이런 관점에서 분과위 상견례는 적어도 몇 차례는 필요하다고 생각했다. 호응이 아주 좋았다. 그때마다 부족한 부분은 회장이 스스로 채워 나갔지만 마음이 참 흐뭇했다.

이를 지속하지 못했던 현실적 아쉬움이 너무나 크고 죄송한 마음이다.

원래 배정받은 T/O 134명,

사무처에서 위촉한 위원 94명,

출범식에 참석한 위원 84명,

분과위에 참석한 위원 55명,

분과위까지 마치고 난 2021년 11월 말까지의 회장이 판단한 실활동 자문 위원 74명.

위 74명의 자문 위원은 끝까지 단 한 분도 소홀히 하지 않겠다는 다짐을 했다.

보궐 규정을 몇 번을 읽고 또 읽었다. 제가 평통 이야기를 꺼내기도 전에 여기저기서 뒤늦게라도 참여 의사를 보내오신 분들이 있었다. 반갑고도 고마운 일이었지만 절차가 있기 때문에 대기자 리스트를 계속 업데이트해 나갔다. '명예 자문 위원'의 용어는 매뉴얼에는 없었다.

보궐 위원 충원을 전제로 해서 그 공백 기간을 위해

제 개인적으로 예전부터 알고 도와주겠다는 친구, 선후배 등 15명과 자천타천 15명 등 30여 명을 대상으로 명예 자문 위원으로 임명을 해 볼까를 많이 고민했다. 이렇게 끝까지 보궐 위촉이 무산될 것을 몰랐었기 망정이지 결과론적이지만 명예 위원 임명 않기를 잘했다.

규정에 엄연히 있는 보궐 위원 위촉 문제를 제20기 내내 단 한 차례도 오픈을 못 했는지, 안 했는지 70여 명만으로 임기를 마치게 했던 데 대한 서운함과 아쉬움은 두고두고 통한으로 남을 것 같다.

제20기 미주지역 운영회의 출범식(시애틀)

2021,
트레일러 후진해 본 적 있습니까?

# 아주 작은 인내심, 그러나 큰 성과

현재 우리가 쓰는 치약은 19세기에 개발되었고 1896년 미국 콜게이트사가 튜브에 담아 판매하면서 널리 보급되기 시작했다. 한국에는 1954년 락희화학공업사에서 럭키 치약을 생산하기 시작했지만 서울 등 대도시에서나 사용하였고 대중화는 한참 지난 후부터였다. 그전까지는 소금을 잘게 빻아 손가락에 찍어서 양치를 했던 기억들이 있다.

지금은 각자의 세면대가 있어서 달라졌지만 얼마 전까지만 해도 나는 아내와 세면대를 같이 사용했다. 대부분 남자들은 칫솔과 면도기가 전부지만 여자들의 세면대는 좀 복잡하다. 뭐에 쓰는 건지 알지도 못하고 알려고 하지도 않지만 하여간 많다. 그중에 같이 쓰는 것은 치약과 비누 정도다.

이 치약에 관한 에피소드는 많은데 우선 치약 짜는 스타일이 다른 경우이다. 그게 집집마다 같지가 않는 모양이다. 이걸로 이혼까지 한 커플도 있다는데 치약 꽁무니부터 밀어 올리며 쓰는 타입과 귀찮다고 손에 잡히는 대로 편하게 치약 몸통을 짜서 쓰는 차이인데 우리 집도 딱 그렇다. 한집에 40년을 같이 사는데도 이렇게 다르다. 어느 한쪽으로 맞추면 아주 간단할 일인데도 그게 말처럼 쉽지가 않다. 설득당한 건지, 포기한 건지 모호하지만 지금까지 이렇게 살고 있다.

오늘은 그것보다도, 그 치약을 다 쓰고 버릴 때의 이야기를 하고 싶다. 아주 어렸을 때 마땅한 놀이가 없었다. 흙바닥에 친구와 둘이 마주 앉아 나무젓가락 같은 나뭇가지를 모래를 모아서 세운 다음 가운데 놓고 '가위바위보'를 해서 이긴 사람이 젓가락 주변의 모래를 번갈아 가져오기 놀이를 했다. 서 있는 젓가락을 먼저 넘어뜨리는 사람이 게임에서 지는 그런 놀이였다. 거의 다 써서 버리기 직전의 치약 하나를 놓고 '치약을 누가 먼저 버릴 것인가', 묵시적인 행동은 며칠째 이어진다. 그냥 버려도 될 듯한 치약은 실제로 꽤 오래 더 쓴다. 그렇게 짜고 또 짜내도 한동안 계속 나온다.

아껴서 좋다기보다는 살펴보자면 세상살이도 그런 것들이 많다. '조금만 더'가 세상을 바꾼다. 그것이 여러 사람이면 더욱 그렇다.

카톡을 모르는 사람은 거의 없다. 처음에는 밤낮이 달라서 '카톡' 소리 때문에 짜증 내는 경우도 꽤 있었다. 무음 설정 기능을 몰라서도 그렇지만 카톡 방 빠져나가기를 다람쥐 제집 드나들듯 하는 분들이 있다. 불러놓으면 휑 나가 버린다. 잡아다 놓으면 나가고, 가만히 보고 있자면 그림이 그려진다. 어떨 땐 나가는 분 얼굴까지 보인다. 아니 평소에 보이지 않던 속옷까지도 보이는 듯하다. 그런가 하면 그 카톡 방과는 아무 상관도 없을 것 같은 사람이 끈질기게 거기에 앉아 있다. 나가는 방법을 몰라서도 그렇고, 전화기 바꾼 뒤로 맹탕이 있는 경우도 더러는 있지만 불편할 텐데도 앉아 있다. 그래도 그분 때문에 더 맑고 정화되기도 한다. 카톡 방마저 못 참고 들락거리면서 어떻게 '통일'을 할까.

둘러보면 꾸준한 것이 뭐를 이루어도 한 가지를 이룬다.


그래서였을까, '지속 가능한 한반도 평화 실현'이 20기 민주평통의 슬로건이다.

2021. 9. 20.

# 술 한잔 털어 넣으면 없어질 억울함

보왕 삼매론(寶王三昧論)에 의하면 '너의 억울함을 말하지 마라, 또 다른 억울한 사람을 만들지도 모른다.'라고 한다. 이게 나도 잘 지켜지지는 않지만 인간관계가 힘들어질 때마다 두어 번씩 곱씹는 말이다.

'악의 축', 부시 미국 대통령이 2002년 1월 30일 연두교서에서 처음 사용한 용어로, 이란··이라크··북한을 악의 축으로 지목하고 이들 국가에 대한 강경한 대응을 천명했다. 그 뒤로 20년이 흘렀다. 그리고 시작한 이라크, 아프간 전쟁도 끝났다. 그 훨씬 이전이던 1968년, 월남에서 7년 동안 전쟁을 하고 1975년 철수했다. 미국은 그렇게 철수한 지 20년 뒤인 1995년 월남과 수교를 맺었고 또 26년이 흐른 지금 월남은 미국의 훌륭한 경제 파트너로서 자리 잡았다.

위에 열거한 관계된 여러 국가들이 그동안 참 많이 변해 있다. 오직 북한만 빼놓고….

살다 보면 서로 의견이 달라서 다툴 때가 있다. 처음에는 서운하기도 하고 야속하기도 하고 마침내 억울해진다. 억울이 쌓이고 해소되지 않으면 분노가 된다. 그것이 스스로 해결할 수 없는 문제일 때는 자신을 내려다보면서 분노가 더욱더 심해진다. 그러나 술 한 잔에 넘길 일들이 대부분이다. 그런 억울함이 혼자가 아닐 때 '분노의 사회'가 된다. 억울함과 분노가 체념되지 않으면 법에 호소해 보기도 하지만 온전히 해결된다는 기대는 대부분 또 다른 낭비와 엉뚱한 대가를 치르게 된다.

그래서 불가에서는 분노를 자비로, 기독교에서는 분노를 사랑과 용서로 다스리라고 하는데 여태 살아온 경험에 의하면 개인적 경험에 비추어 볼 때 더 이상의 특별한 처방도 생각나지 않는다.

'왕따'라는 것이 있다. 이는 억울함과 분노가 특정되지 않는 특징이 있다. '나 혼자 눈 가리고 벌거벗고 있는 느낌' 같은 것이다. 상대가 보이지 않는다. 이럴 때 자신의 처지를 자학하기도 하지만 심리적으로 가장 가까웠던 사람부터 미워진다. 이것도 스스로 단련하고 통제하지 않으면 걷잡을 수 없어지고, 세상을 증오한다.

국제사회로 넓혀 보자면, '북한'의 현재가 그렇다.


우리가 지금 하고자 하는 '평화+통일'의 여정 속에서 이런 '측은지심', 즉 인(仁)에 대한 심리적 저변을 각자의 마음 바탕에 미력하나마 세워 놓지 않으면 시시각각 변하는 카운터파트, 특히 북한의 반응을 이해하지 못하거나 혼동하기 쉽다.

그냥 평소처럼 울어서는 엄마의 반응이 점점 무디어져서 반응도 더디어진다. '더욱 억울하게 울어야' 하는 이유가 거기에 있다. 엄마가 불편을 더욱 세게 느끼도록 누워 있는 아기의 현실적 입장에서 할 수 있는 가장 큰 무기다. 이는 아주 조그만 사례일 뿐이지 한 나라의 자존심과 관계되는 논리의 비약은 원치 않는다.

한국 경제에서 무역이 차지하는 비중은 굳이 설명조차 필요 없다. 그런 한국의 국경을 봉쇄해 버린다면 어떻게 될까. 그런데 그런 조치가 20년이나 지속되는 곳이 바로 곁에 있다.

우리는 일상의 중력에 따라서도 생각이 수시로 변할 정도다. 서면 앉고 싶고, 앉으면 눕고 싶어진다. 매일매일 자신의 억울함(?)을 만들기도 하고 분노하면서도 한겨레의 고통에 무심해하고 있지나 않는지 하는 생각이 잠깐 들었다.

2021. 9. 30.

# '시작은 절반이 아니라 전부다(?)'

10월이 되었습니다.

임기 한 달이 지났습니다. 코러스와 상견례, 미주지역회의를 마쳤습니다. 아마도 10월 28일 목요일, 저희 워싱턴 협의회의 출범식을 마지막으로 미주 20개 지역 협의회 출범식이 마무리될 듯합니다.

어떤 분들은 시작의 중요성을 강조합니다. 맞습니다. 어떤 모습으로 출발하느냐를 보면 결과도 예측하게 합니다. 전통적으로 경영학에서 많이 사용하는 PDS(PLAN—DO—SEE), 그러므로 계획은 거의 모든 걸 결정할 수도 있습니다. 그러다 보니 실제가 생각보다 부풀려지는 경우도 많고, 예상 기대치가 실제보다 올라가는 경우도 생깁니다. 출범식 때까지 분과위원회별로 좋은 계획의 시간을 갖게 되기를 소망합니다.


어머니가 노란 횟가루 포대를 찢어서 방바닥에 편 다음, 7살인 저를 앉혀 놓고 '가갸거겨'를 가르쳐서 십 리 고갯길 너머의 학교에 입학시켜 주셔서 '공부'라는 걸 시작했습니다. 살아 보니 이제는 돌아가신 어머니가 어렸을 때 제게 보여 주셨던 뒷모습을 절반도 못 따라 산 듯합니다.

처음 인사를 나눌 때에 농반진반으로 '저는 앞보다는 뒤꼭지가 잘생

겼습니다.' 그런 인사를 가끔 합니다. 실제로 그렇기도 하고요. 어렸을 때 학기가 끝나면 '통신표'라는 걸 받아서 집에 돌아옵니다. 학년이 끝나는 2월 말 짧은 방학 때에는 통신표와 함께 상장을 받아 옵니다. 우등상장도 있지만 개근상, 정근상(연간 출석 일수 3일 이하 결석)이라는 것도 있습니다.

통신표를 받아 본 어머니는 다음 장날이면 계란 한 줄을 가지런히 엮어서 선생님 댁에 드리고 오십니다. 점수 잘 받아서 그러겠거니 했는데, 저는 저희 어머님이 대부분 새로운 선생님을 만나는 학기 초는 피하고 다시 만날 일이 없는 선생님께 꼭 인사를 가시는 모습을 보고 자랐습니다. 그 '의미'를 알게 된 것은 사회에 나오고 나서도 한참이나 지난 뒤의 일입니다. '끝이 아름다운 사람', 말은 쉽지만 실천하는 것은 별개의 일입니다. 시작도 중요하고 과정도 중요하고, 그 끝은 더 중요하니 인생이 고달플 때도 있지만 제게는 어느 누구도 모르는 '감동'이라는 보상이 때때로 기다립니다.

지난 9월 21일 문재인 대통령은 UN 총회 기조연설에서 임기 7개월을 앞에 두고 남북미 중이 함께하는 종전 선언을 제안하였습니다.

저는 그 마음을 아주 잘 알 듯합니다.

2017년 5월 대통령에 취임하자마자 북한은 트럼프 미국 대통령과 '누가 미사일이 더 크니' 하면서 2017년 8월, 화성 14호(대륙 간 ICBM 미사일)가 발사되고, 6차 핵실험, 일본 영공을 향해 미사일 발사 등 한반도는 물론 미국까지 '전쟁' 위기설이 파다했었습니다.

그 혼란은 곧 잠잠해졌고 지금까지도 그 '평화(?)'는 유지되어 오고 있습니다.

그동안 문 대통령은 3차례 남북 정상회담, 국방력 세계 6위 구축, 팬데믹 상황하의 2020년에는 역대 최고 수출 달성, G7급 국가로의 진입 등을 이루었습니다. 물론 국민 모두가 이룬 쾌거입니다.

그러나 그 모든 것과도 바꿀 수 없고, 그래서 더욱 안타까운 부분이 바로 '평화와 번영의 한민족'을 위한 걸음입니다. 퇴임하는 그날까지 갖고 가겠다는 의지로 읽었습니다.

저라고 해도 그랬을 것입니다. 고장 난 포클레인(북미 하노이 회단 결렬)을 바라보면서 언제 올지 모를 기술자(?)만 기다리면서 하늘만 쳐다보느니, 손에 잡히는 삽자루라도 하나씩 들겠다는 마음으로,

'함께 갑시다. 우리 이 길을…!'

2021. 10. 2.

# '힘을 내는 원리'

$1, 1.6, 1.6^2$

의 원리라는 것이 있습니다.

1) 시키는 일을 싫어하지만 할 때 그 결과가 '1'이라고 한다면,

2) 명령이지만 납득하고 나서 하게 되면 '1.6'의 결과가 산출되고,

3) 스스로 참여하고 납득하고 했을 때에는 '1.6*1.6=2.56'의 결과가 나온다는 아주 오래된 경영 효율에 관한 연구를 배운 적이 있습니다.

이야기의 핵심은 '참여와 설득'입니다. 아무리 조그만 일이라도 잘되게 하려면 끊임없이 참여를 늘리고, 설득하고 납득시키고 하는 '설득의 예술'이 녹아들지 않으면 안 되는 이유입니다. 생산 현장이나 아주 작은 사회 활동 단위의 리더들에게 요구되는 고전 경영의 한 토막입니다.

저희들은 저부터 위원님 한 분 한 분이 봉사의 일념으로 함께하고 있습니다. 봉사의 개념도 '봉사 < 헌신 < 희생'의 단계로 나누기도 합니다. 이를 생산 활동이라고 규정하는 것은 무리입니다. 다만 '아주 조그만 일'들이 '거대한 변화의 출발'이 되는 것은 거의 진리에 가까운 이야기입니다.

희생이 때때로 숭고하다고 보는 데에는 안타까움이 있습니다. 희생을

헌신으로, 헌신을 봉사로 줄여 나가는 것이 지치지 않고 롱런하는 길입니다. 이때에 필수적인 것이 바로 '참여'입니다.

평화통일 자문 위원 임명은 어떤 경우에는 다분히 명목적(?)일 수도 있겠지만 기왕에 하는 것이라면 즐거운 마음으로 '참여하기'를 소망합니다. 지난 상견례에서 뵙지 못한 분들을 이번 분과위 모임에서 뵙게 되기를 기대합니다.

또 출범식은 워싱턴 동포 사회와 '함께한다'는 의미가 반영될 수 있도록 보다 많은 여러분들께서 여러분의 임명을 축하하고 또 축하받게 되기를 소망합니다.

앞으로도 제20기 회장단에서는 꾸준히 '참여'에 대한 연구와 노력을 계속해 나갈 계획입니다.

10월 14일부터 시작되는 체육분과위원회 모임에서부터 재미있고 유의미한 만남을 기대합니다.

2021. 10. 10.

# '트레일러 후진해 본 적 있습니까?'

요즈음 〈오징어 게임〉은 이제 거의 '보통명사화' 되어 있다. 알다시피 그 소재는 '빈익빈 부익부의 현실 세계'이기 때문에 그 개연성이나 체감률이 순식간에 전 세계화 되어 버렸다. 그런 세상이 될 것이라는 것은 문사철(文史哲)의 어귀를 조금만 서성거렸어도 수십 년 전부터 이미 나와 있던 답이다.

일확천금의 상징인 복권 당첨에 대한 기사는 언론에 자주 나온다. 얼마 전 신문에 눈에 띄는 생경한 내용을 따라 지도를 찾아봤다. 7억 달러짜리 복권(MD 사상 최고액, 미 복권 사상 5번째)이 400가구가 사는 'Lonaconing'(로나코닝)이라는 동네에서 나왔다. 가을 단풍 여행지로 익히 알고 있는 컴버랜드(Cumberland)에서도 15마일 떨어진 폐광촌이다. 아이러니하게도 그곳은 부자 주인 메릴랜드주의 최빈곤 동네 중의 한 산골 마을이다.

그러자 동네 사람들은 물론이고 타지에서도 '돈 좀 나누어 달라'고 소동이라는 기사이다. 드라마 〈오징어 게임〉을 본 사람들이라면 충분히 그럴 수 있다고 공감할 것이다. 당첨자가 누군지도 모르는데도 복권 판 가게에 찾아가서 진치고 앉아 하소연과 애걸복걸을 하는 모양이다.

나 먹고살기도 힘든 세상에 누구누구를 돌볼 겨를이라도 있으랴만, 떠나온 조국, 분단된 조국의 산하 그리고 듣기만 해도 눈물겨운 한겨레, 한 핏줄….

갑작스럽게 제20기 워싱턴 평통 협의회 회장에 임명되어서 동분서주하다 보니 벌써 1개월이 훌쩍 넘어 버렸다. 통일에 대한 몸부림이 조금 보였던지 그러면 '네가 한번 해 봐라'하고 맡겨진 듯하다. 그래서 짬을 내서 하루 한 분씩 만나서 조언과 충고를 듣는다.

'통일은 전쟁을 해서 이긴 쪽이 집어먹으면 된다.' 하, 화끈하다고 해야 할까.

'주유엔 북한 대사와 미 국무성 장관과 식사 자리 한번 만들어 봐라.'

'주미 교황청 대사관에 찾아가서 '교황 방북'을 한번 시도해 보면 좋겠다.'

'평양에는 언제 가냐, 나도 같이 가고 싶다.'

'한두 종목이라도 좋으니 북미 민간 친선 대회를 워싱턴에서 해 봐라.'

'우선 너희들끼리라도 잘 좀 지내라. 제발 싸우지들 말고….'

'세금 낭비하지 말고 없애 버려라.'

'우리 국민도 어려운데 북한을 돕자고? 그러면 그걸로 핵을 만든다며?'

'여러 말 필요 없다. 말 통하는 우리 민족끼리 눈치 보지 말고 단번에 합해 버리면 그게 통일이다.'

모두 다 듣고 보니, '야, 이거 참 야단났네.' 그리고 이것이 전부도 아니고 훨씬 더 많을 듯하다. 어느 한 가지라도 워싱턴 평통회장에게 가당키나 하는 일일까만 역대 대통령들도 못다 한 어마 무시한 일들을 어찌 다

할꼬, 하루를 365일같이 살아도 힘들 것 같아 보인다.

아내는 비좁은 한국의 아파트 사이를 잘도 운전하더니 미국에 와서는 후진이나 갓길 주차를 거의 못 한다. 후진하다가 자꾸 부딪친다. 물론 차량의 주된 용도는 대부분 직진이다. 그렇지만 후진도 상당히 중요하다. 언젠가 뒤에 트레일러를 하나 달고 프레드릭 너머 산골짜기 구부러진 외길 폐차장을 갔다. 길을 잘못 들어서 되돌려 나와야 하는데 뒤에 트레일러가 달렸으니 되돌릴 공간도 없다. 왔던 길을 후진으로 빠져나와야 하는데 하다 하다 결국 포기할 수밖에 없었다. 주변을 수소문했더니 어느 분이 달려와서 아주 여유롭게 빠져나오는 걸 보면서 감탄 삼탄했던 생각이 난다.

평통회장 1달 만에 느낀 현실은 분단 76년 전으로 되돌아가는 트레일러 후진처럼 험난해 보이기만 하다. '한반도 통일은 내 차 뒤에 트레일러가 한 대도 아니고 세 대쯤(미국, 중국, 일본) 달려 있는 것 같다.'

그러나,
희망인 것은 한반도에서 '전쟁은 안 된다.'라고 하시는 말씀들이 거의 99%다.
선배 평통 자문 위원님들, 큰일 하셨습니다. 그리고 18만 워싱턴 동포 여러분, 따져 보면 84여 명의 자문 위원은 동포 2천 명 중에서 한 분씩 대표한다는 자부심으로 구성된 거라고 봅니다.
그런 유능한 자문 위원 여러분들과 함께,

'안 될 이유'를 찾기보다는 '되는 방법'을 찾아 정진하겠습니다.

2021. 10. 15.

# 조사(弔辭)
### (최기용 부인 고 최고분 님께)

어제저녁부터 추적추적 가을비가 내리더니 떨어진 낙엽들이 땅바닥에 붙어 버려 날아갈 줄 모르고 웅크리고 있었습니다. 날리는 낙엽과 비에 젖어 눌어붙어 있는 낙엽이 오늘따라 달라 보입니다.

개인적으로 이민 이후에 가장 큰 행사를 치른 듯하여 몸이 물에 젖은 솜이불처럼 무거워서 몇 날 며칠 고생한 임원들에게조차 이모티콘 하나도 보내지 못했습니다. 저녁때 잠깐 눈을 붙이고 일어나 보니, '슬픈 부고'가 날아왔습니다.

4계절 중에서 겨울은 차라리 모든 게 오히려 차분합니다. 봄, 여름은 이미 저의 것이 아닙니다. 언제부터인지 아니면 나이 탓인지 '가을'이 되면 마음이 허전해지고 나 자신이 떨어지는 낙엽 같다는 생각을 자주 합니다.

저는 고 최고분 님을 잘 모릅니다. 남겨 놓으신 딸 최은별도 지나치다가 만났을지는 모르지만 모른다는 것이 더 솔직한 표현일 겁니다. 워싱턴 사회에서 고인이 만드신 맛있고 예쁜 빵을 드셔 본 분들이 아주 많을 것으로 생각합니다. 불행히도 저는 여러 번 먹었지만 한 번도 돈을 지불하지 못했습니다. 아니 지불할 기회가 없었습니다. 그것은 그토록 사랑하는 당신의 남편분 최기용 님이 그냥 준 것만 받아먹었기 때문이지요.

부고 이후에 들려주는 고인에 대한 말씀들을 가만히 듣다 보니, 당신은 천사였다 생각합니다. 얼굴도 모습도 참 예뻤을 듯합니다. 그 무엇보다도 마음이 참 고운 분이셨구나 생각합니다.

너도 알고 나도 알고, 말을 해도 알고 안 해도 아는 먹고살기 힘든 이민 생활, 아무리 남편이 좋고 남편 일을 내조한다고 해도 그것도 한두 번이지 행사 때마다 그런 배풂을 했었다는 것을 생각하면 남아 있는 저희들을 더욱 힘들고 가슴 아프게 합니다. 당신은 천사였습니다.

저는 최기용 위원을 처음 봤을 때 축구선수 박지성인 줄 알았습니다. 많은 분들이 축구협회 '박지성 닮은 사람'으로 기억합니다. 말수 적고, 성실하고, 거기다가 축구협회 회장도 했으니 그럴 수밖에요. 당신의 사랑하는 남편 최기용과 눈에 넣어도 아프지 않을, 눈감는 순간까지 기억했을 예쁜 딸 은별을 생각하면 가슴이 먹먹해 옵니다.

저는 그런 일이 있는 줄 몰랐습니다.

제가 취임한 지 1주일 만에 가장 연세가 많으신 이병희 고문님께서 그토록 그리던 고향 땅이 통일되는 것을 보지 못하고 떠나셨습니다. 그리고 민주평통 워싱턴 가족 중에 이번이 두 번째 변고입니다. 임종 시각을 정확히는 모르지만 큰 행사가 마무리될 때를 피하시려고 했다고 저는 생각하겠습니다.

취임 후 자문 위원님들을 거의 만나 뵈었습니다. 각 자문 위원님들이 외관상 나이, 성별, 사는 곳 등이 서로 다르지만 어느 한순간 하나가 되고자 했던 행사였습니다. 그런 줄도 모르고 저는 최기용 위원을 기다렸습니다. 많은 분들이 당신의 사랑하는 남편 최기용을 기억하고 있습니다.

장례 절차가 모두 마무리되고, 자리를 함께했던 분들이 모두 돌아가고 난 다음에 맞게 되는 '당신이 없는 현실', 멀리 가시지 말고 남편과 그동안 하지 못했던 많은 대화를 나누십시오.

당나라 소동파는 '죽고 사는 것을 항상 보니 이제는 눈물이 없네.'라고 합니다. 또 '조금 먼저 가고 나중에 가는 게 인생이다.'라고도 합니다. 하지만 오늘은 슬픈 날입니다.

이렇게 몇 글자 올리는 것 말고는 아무것도 할 수 없는 저의 처지가 초라하게 깊어 가는 가을밤입니다.

부디 편안히 영면하십시오.

2021. 10. 30.

# '그때 가 봐야 알겠는데…'

약속은 신뢰이다.

'약속을 지키고 산다는 것이 참 어렵다.'라는 사실을 깨닫는 순간, 그런 상황을 어떻게 받아들이냐에 따라 인생이 달라진다. 자신과의 약속도 있지만 여기서는 상대와의 약속에 관한 이야기이다.

'거짓말을 않고 세상을 살아갈 수 있는가'라는 제목으로 학생 때, 30여 명이 1박 2일 Joint sleeping을 한 적이 있었다.

물론 결론을 내지는 못했다.

그래서 요 모양으로 살고 있는지도 모른다.

(약간 수정주의적 결론은 냈다. 그것은 나중에 따로 다루게 될지도 모른다.)

나는 살아오면서 유난히 총무 일을 많이 했던 것 같다. 그래서 스스로 '총무형 인간'이라고 자위하면서 산다. 대표를 하다가 다시 총무를 하는 경우도 허다하다. 지위나 감투에 대한 달관은 일찍이 도산 안창호 선생의 '건전 인격' 사상에서 체화되었다고 생각한다.

이민 와서도 그랬다. 어느 단체 총무 일을 할 때다. 행사 안내 전화를 돌리기를 시작한다. 이민 사회에서 참석, 참여가 얼마나 어렵고 힘든 일인지는 알 만한 사람은 다 안다. 마음을 단단히 먹는다. 최소한 1명당 세 번씩은 전화로 통보하고, 확인할 계획을 세운다.

50%는 수고한다면서 그 자리에서 참석 여부를 결정해 준다. 물론 거절도….

나머지 50% 중의 25%는 통화를 이루지 못한다.

문제는 통화가 되었는데,
'그때 가 봐야 알겠는데….'와 같은 애매한 답일 경우가 있다.
머릿속이 굉장히 복잡해진다. 처음에는 굉장히 점잖은 표현으로 인식한다. 그게 아닌 것 같아서 하루 뒤에 다시 전화한다. '꼭 가 봐야 하는데….' 전화를 다시 한 보람도 순간이다. 끊고 나서 생각해 보면 '확답'이 아니었다. 약속한 것은 지키려는 것으로 해석하면 편하겠지만, 이런 답변도 '일종의 습관적'이라고 생각하기에 이르니 나이 60이 넘어 버렸다.

총무 일은 그 한 분만 있는 것이 아니다. 인내와의 줄다리기가 시작된다. 그래도 부지런히 전화를 열심히도 돌렸다.

알다시피 최근에 나에게 초대 전화가 많이 온다. 그 옛날 생각이 불현듯 떠오른다. 얼른 대답을 못 하고 머뭇거리는 자신을 발견했다. 내 혼자

마음 내키는 대로 덜컥덜컥 약속할 수 없는 경우까지도 생긴다. '언제까지 답을 드리겠다.'라고 하고 끊는다.

이게 전화 돌린 분께는 어떻게 비쳐졌을까, 지금의 내가 딱 '그때 가봐야 알겠는데….'가 되어 버린 건 아닌지 모르겠다.


다만,

원칙을 만들지 않으면 안 되겠구나,

돈 벌어야 통일 활동도 하겠지만 임기 동안은 일단 돈 벌기 위한 개인 일 때문에 공적인 일을 회피하는 건 배제하자. 선약이 있으면 선약을 최우선에 놓자. 겹칠 경우라도 후약에게 양해를 구하는 것이 정답이다. 일의 경중이나 선후까지를 고려하면 신뢰만 해친다. 부모가, 선생님이, 리더가 약속을 솔선수범할 때 순조롭고도 아름답다.


어쩌면 국가 간의 약속들이 개인들 약속보다도 더 어겨지고 깨지는 경우가 많다.

분단 76년, 전후 71년 남북한과 주변국 간에는 이루 헤아리기 어려울 정도로 많은 '약속'들이 있었다. 그 약속들을 누가 주로 깨 버렸고, 깨 버릴 수 있는지를 아는 것은 한반도의 미래를 아는 데 매우 중요하다. 2021년 해가 저물어 간다. 한국의 GDP는 2조 달러로 미국 22조의 1/10이다. 세계 10위다. (2020 말 기준) 북한과는 54:1이다.


약속은 신뢰이다.

2021. 11. 8.

# '초인'을 기다리며…

Man power에 대한 연구는 지금도 끊임이 없다. 기업은 사람이고, 사람이 곧 기업이다.

인재 육성에 대한 기업 오너들의 로망은 그야말로 끝이 없다. 기업의 흥망성쇠가 사람에 달렸기 때문이다.

기업의 목적은 사회에 공헌하는 것이요, 목표는 수익의 창출이다. 가까운 수익의 창출을 위해 목적을 방황하게 만드는 경우가 아주 비일비재했다. 한 걸음만 더 들어가더라도 목표를 위해서라면 사람에 투자해야 하는 것은 당연하겠지만 어디 세상이 꼭 그러한가.

'신입 사원을 뽑지 않는 기업에는 투자하지 말라.' 주식시장의 바이블 같은 이야기다.

목사님들의 목적과 목표도 상응하는 것 같지만 다르다. 현재 출석 신자들에게 더 많은 신앙 훈련을 하게 하는 것과 새 신자로 부흥을 이루려는 로망이 하루에도 수십 번 교차한다.

스포츠에서의 '스카우트와 트레이드'가 자연스럽게 받아들여지고 있는 것은 그만큼 시대와 트렌드가 바뀌었다는 것을 의미한다. 목숨을 걸 듯 맨유와 레알 마드리드가 싸운다. 호날두라는 유명한 축구선수는 맨

체스터 유나이티드—레알 마드리드—유벤투스—다시 맨체스터 유나이티드에서 친정 팀들을 상대로 공격을 퍼붓는다. 동양적 농경식 사고로는 이해 불가이겠으나 필요한 사람을 필요에 따라 서로 나누어 능력을 발휘하게 하는 것은 개인에게도 조직에게도 유리하기 때문에 가능한 시나리오요, 트렌드가 되었다.

리더는 '현재 있는 자원'으로 최적의 효율을 끌어올리는 데 일단 집중한다. '파레토의 최적'이다.

전형적인 대증요법이요, 미래가 담보되지 않는다. 그런 리더를 바라보는 고객과 관중은 아주 조용히 그리고 서서히 희망을 접는다. 이걸 '무사안일'이라고 한다.

성공적 리더십은 불가능할 것 같지만 끊임없이 'Momentum 전환'을 위한 Clue를 찾는 데 신경과 에너지를 집중하는 공통점이 있다.

초인(超人, SUPERMAN)은 다분히 비과학적인 용어이다. 그럼에도 불구하고 그 존재는 항상 있어 왔다.

이를테면,

신앙이 있는지 없는지 예배 때는 해찰을 부리는 신자가 부흥회 때는 가장 많은 분들을 모셔 온다.

자신마저도 평통의 실체 파악이 안 되었을 법한 새내기 회원님이 수많은 미래 평통 회원을 모셔 올 듯하다. 특히 '청년'들을…….

그 청년들이 몰려올 시점에 노장들의 경험이 비로소 빛을 발휘할 지점임을 잊지 말아야 한다. 그동안 포지셔닝 하시면서 온몸으로 수비, 방어해 오신 '헌신'을 결코 소홀히 하는 것은 이치와 도리를 떠나 존재 자체를 무너뜨리는 것이다.

한참 지나 놓고 나서야 '초인'의 존재는 드러나겠지만,
그래도 참을 수 없는 조바심에 남은 연말이 호화로울 듯하다.

청년분과위원회를 도와주시면 참 감사하겠습니다.
청년 자문 위원님들을 간절히 기다립니다.
이 두 마디를 이렇게 장황하게 썼습니다.

2021. 11. 14.

# 빠라 띠(Para ti)

영어로 'For you'를 스페인어로는 '빠라 띠'라고 한다. 남미 종업원, 그도 나도 어설프기만 한 반쪽짜리 영어지만 서로 말을 할 때마다 말끝에 '빠라 띠'를 붙이면 눈빛이 달라진다. 더욱 내 말에 주목해 주는 걸 금방 알 수 있다.

말이 나온 김에 하나 더하자면. 뽀르 빠보르(Please, Por favor) 붙여 주면 대화의 80%는 성공한 것이나 다름없다.

영어도 온전치 못한 40대 후반에 이고 지고 건너온 이민 생활에 팔자에 없는 스페인어까지 하지 않을 수가 없다. 스페인어를 책으로 배운 것은 하나도 없고, 손짓 발짓 눈치껏 재치 것 하지 않으면 내가 죽어나니 어쩔 도리가 없다.

'수요는 스스로 공급을 창조한다'는 애덤 스미스 형님의 수요공급의 법칙이 이런 곳에서도 적용될 줄이야….

1970년 2월, 빛나는 국민학교 졸업장을 받아 들고 집을 향해 고갯길을 올랐다. 그때만 해도 시골에서는 겨울철 땔감을 위해 어머니들은 산으로 땔감을 주워 모으고 묶어서 머리 위에 이고 얹고 그 비탈길을 오르내렸다. 지금 생각하면 아찔아찔한 서커스 같은 곡예를 했다. 고갯마루에 잠시 쉬고 있는 여러 동네 분들 사이에서 어머니는 금방 눈에 띈다.

'산 위에서 부는 바람 시원한 바람, 그 바람은 좋은 바람 고마운 바람, 여름에 나무꾼이 나무를 할 때 이마에 흐른 땀을 씻겨 준대요~~' 이 노래는 우리 어머니를 위해 만들었다는 생각을 한동안 했었다.

'어디 보자', 졸업장, 성적 통신표, 우등상, 개근상, 그리고 무궁화 휘장이 달린 큰 상(?)도 받았네. '대구시 댁은 좋겠소. 아들이 상을 많이 받아서…', 옆집 아줌마의 칭찬에 어린 낯이 간지럽다.

집에 온 뒤로 고구마 껍질 벗겨 먹고 있는 나에게 어머니는 아주 진지하게 말씀하셨다.

'공부 잘하면 엄마가 좋을 것 같지? 첫째는 네가 좋고, 둘째는 네 각시가 좋고, 셋째는 네 새끼들이 좋고…, 나는 다섯 번째나 좋을지 모르겠다.' 이제 12살 국민학교 졸업한 나에게 나의 어머니는 당시로서는 이해하지 못할 그런 말씀을 하셨다. 어머니가 기뻐하시니 기쁘게 해 드리는 것이 더 크다고만 생각했었다. 하느님을 위하고 목사님을 위해서 기도해야 한다는 생각처럼, 선생님의 승진을 위해서 열심히 공부한다는 학생은 이제는 한 사람도 없겠지만 그런 생각이 들 때도 있었다.

'하우 마치 빠른 아우어?'(How much per hour?) 미국에 건너온 중남미 역군(?)들이 맨 처음 배운 영어가 아닐까 생각한다. 어쩌면 'Good morning'보다도 먼저 배웠을 것이라고 생각한다.

'시간당 얼마?'가 그들에게는 그렇게 중요하다. 어찌 보면 가장 정직하고 진솔한 마음일 수도 있다.

'나도 나를 모르는데 난들 너를 알겠느냐' 갑자기 김국환의 노래 〈타타타〉가 스쳐 지나간다.

일을 하는 데는 동기도 중요하다지만 '보상' 또한 더 중요하다. 지극히 정상인 것이다.

여차저차 하고 나서, '무쵸 부에노(Very good)', 그렇게 관계가 시작된다.

참 열심히 한다. 그들이 만약 없다면 미국은? 아마도 1주일 내에 올 스톱 될 것이다. 설마 하시는 분이 계신다면? 미국 생활을 잘 모르고 사시는 겁니다. 집에 살던 식구 한 사람이 집을 비워도 뭔가 좀 이상하지 않습니까? 이들이 없는 미국은 전기가 끊긴 상태이거나, 물이 없어서 불편한 정도, 그 이상입니다.

대체가 있을 것 같지만 생각처럼 쉽지 않습니다.

감사할 일이지요. 그들과도 감사를 나눕니다. 땡스 기빙이 지난 이 아침에….

살다 보면 왠지 껄끄럽게 느껴지는 이웃이 있을 수 있습니다. 그 이웃도 나를 그렇게 보고 있다는 것은 경험상 거의 100%입니다. 안 보고 살면 되지요. 그렇게 안 보고 사는 팔자면 이렇게 장황할 이유가 없습니다. 그런 생각을 '갑질'이라고 합니다. 갑의 입장에서 세상을 사는 분들은 그것이 당연합니다. 또 그렇게 살기 위해서 무언가(?) 아주 열심히 노력합니다. 나쁠 건 전혀 없습니다.

그러나,

그렇게 외면할 수 없는 입장일 때가 대부분이며, 이럴 때 어떻게 할 것인가,

　'감사함'을 가지면 일단 길이 보입니다. 그 이웃 때문에 내 생활이 보다 더 '올바로, 똑바로' 설 수 있게 됩니다. 그 벽을 넘지 못한다고 생각하면 '거기'까지가 한계입니다. 비슷한 '또 다른 이웃'이 보이기 시작합니다. 이제는 어떻게 해야 할까요? 또 외면해 버리면 간단하겠지만…,

　저라면 다가가겠습니다. 이해를 구해서도 안 되면 설득하겠습니다. 한 번으로 안 되면 세 번 더 하겠습니다. 그 언덕 너머에는 '유토피아'가 있다는 것을 알기 때문입니다.

　그리고 이런 일은 조용히 하는 것이 성공할 확률이 더 높습니다.

　그 '이웃'은 '남북'일 수도 있습니다.

2021. 11. 26.

# 워싱턴에서 본 한반도와 평화 공공외교

이 글은 민주평통 사무처의 월간 리포트인 '평화+통일' 통권 188호 (2021년 12월)에 실린 필자의 기고문입니다.

(세계 정치의 1번지 워싱턴)

워싱턴 백악관 뒤편 듀퐁 서클에서 미 해군 천문대를 잇는 약 1마일에 이르는 매사추세츠 애비뉴는 전 세계 외교 각축장임을 알려 주듯 양편 공관 건물들마다에 만국기들이 오늘도 펄럭이고 있다. 세계의 모든 시선이 이곳에서 모아졌다가 또한 세계를 향해 뻗어 나간다. 세계의 눈이고 입이 되기도 하는 곳이다. 근대사회라고 일컫는 19세기 이후 워싱턴 D.C는 설명이 필요 없는 세계 정치, 외교의 중심이다. 따라서 워싱턴은 미국의 일부를 넘어서 750만 재외동포들의 보편성과 대표성을 동시에 지니고 있다고 해도 지나치지 않을 것이다.

(역사 속의 한국과 미국)

주미 초대 전권공사 박정양의 '미행일기(美行日記 1/11/1888)'에는 아주 중요한 역사적 사실 두 가지가 기록되어 있다. 재개관(2012)한 주미 대한제국 공사관을 구입했던 당일 날의 상세한 기록과 '영약삼단(另約三

端)' 위반에 대한 주미 청국 공사들의 항의 방문 내용이 그것이다. 여기서 영약삼단이라는 것은 '조선 공사는 주재국에 도착하면 먼저 청국 공사를 찾아와 그의 안내로 주재국 외무성에 간다.'라는 등 3가지 조선 공사가 지켜야 할 내용이다. 그럼에도 불구하고 박정양 초대 공사는 미 국무부와 직접 상의하여 당시 미 대통령 클리브랜드에게 고종 황제의 국시를 전달하여 '자주외교'의 첫 문을 열었다.

이는 오늘 미국 전역에 살고 있는 재미 한인 동포의 장엄한 첫발이었다. 주목할 점은 당시 청의 속국이나 다름없던 시절에도 당당한 '자주외교'를 펼쳤다는 점이다.


루스벨트는 1905년 7월, 육군성장관 윌리엄 테프트(William H. Taft)를 일본으로 보냈다. 테프트는 7월 29일 일본의 내각 총리대신 겸 외상 카츠라 다로(桂太郎)와 만나 극비리에 밀약을 맺었다. 이 각서에서 미국은 러일전쟁 후 한국에서 일본이 지배권을 확립하는 것을 승인하는 것을 밀약하였다.


1950년 6월 25일 한국전쟁, 소련의 지원으로 군사력을 키운 북한이 38선 전역에서 남침하여 3일 만에 서울을 점령하였다. 3년 동안의 전쟁으로 인명 피해가 약 450만 명에 달하고, 남한의 43%의 산업 시설과 33%의 주택이 파괴되었다. 남북한은 휴전 상태로 오늘에 이르고 있다.

1975년 6월 도널드 M. 프레이저 의원에 의한 하원의 한국에 대한 인권 청문회에서 소위 코리아게이트(Koreagate)는 1976년에 일어난 정치 스캔들로, 대한민국 중앙정보부가 박동선을 통해 미국 정치인들에게

뇌물을 주어 미국 정부에 영향을 끼친 사건이었다. 이 사건 이후 'Ugly korean'이라는 말이 미국인 사이에 회자되었다.

1992년 LA에서 흑인 폭동 사태가 났다. 흑인 청년을 백인 경찰들이 무자비하게 폭행한 것에 분노한 흑인들이 거리로 나와 폭력과 방화, 약탈, 살인을 자행했다. LA폭동은 특히 한인들이 큰 피해를 본 사건이다. 폭동으로 LA에서 피해를 본 업소 1만여 개 중 2,800개가 한인 업소였다. 미국 내 한인 동포들이 한인 동포 인권에 대한 자각이 크게 일어났다.

2007년 4월 16일 미국 버지니아주 소재의 버지니아텍 공대 캠퍼스에서 총기 난사 사건이 있었다. 이 대학 학생이자 재미 한국인 조승희가 반자동 권총 두 자루로 총기를 난사해 32명이 숨지고 23명이 다쳤다. 조승희는 스스로 머리에 총을 쏴 자살했다. 미국 역사상 가장 치명적인 학교 총기 난사 사건이었다.

이상은 1882년 5월 조미 통상 수호 조약 이후 오늘날 미국인들에게 기억되는 '한국 관련' 몇 가지 사건들이다.

이외에도 수많은 일들이 한미 간에는 있었다. 열거된 사건들은 한국 전쟁처럼 세계 역사에 기록될 사건도 있고, 미국 내에서 일어난 일이지만 한국, 한국인에 대한 인식이 각인된 몇 가지 대표적인 사건들이다. 이 사건들은 공공외교의 지향점과 과제가 동시에 보이는 지점이기도 하다.

(세계 속에 활짝 핀 오늘의 한국)

〈강남스타일〉은 2012년 7월 15일 발매한 가수 싸이의 춤곡이다. 미국 빌보드 핫 100에서는 2위까지 올라간 뒤 7주 동안 이를 유지했다. 2014년 6월 2일 유튜브 사상 최초로 20억 조회수를 넘어섰으며, 해당 동영상은 2021년 5월 1일 기준으로 조회수 40억 회를 기록하고 있다.

BTS, 2013년 6월 13일에 데뷔한 빅히트 뮤직 소속 대한민국 7인조 보이 그룹이다. 방탄소년단을 지칭하는 'BTS'는 본래 이름인 'Bangtan Boys' 혹은 'Bulletproof Boys'의 준말이다. 이들에 대한 세계적인 공식기록은 지면 관계로 다 옮길 수가 없다. 지금 이 시간에도 파죽지세다.

그 이외에도 2020 아카데미상 4개 부문 수상작 영화 〈기생충〉, 한국 배우 최초로 2021 아카데미 여우조연상(윤여정)의 〈미나리〉, 넷플릭스 〈오징어 게임〉 열풍들이 한국에 대한 이미지를 이어 오고 있다. 가히 폭발적이다. 미국의 대형 마트 입구의 일본 제품이 사라진 중요한 자리에는 예외 없이 한국 제품들로 채워져 있다. 길거리 가정용 일반 승용차 10대 중 1대는 한국산 차가 차지하고 있고, 그 증가세는 가파르다.


(대미 공공외교의 현주소)

공공외교의 사전적 의미는 '국가나 사회의 구성원이 두루 주체가 되어 국가의 이미지를 개선하기 위하여 외국 국민을 상대로 국가 홍보 활동을 전개하는 외교'를 말한다.

또한 공공외교법 제2조에는 공공외교란 '국가가 직접 또는 지자체 및 민간 부문과 협력하여 문화, 지식, 정책을 통하여 대한민국에 대한 외국 국민들의 이해와 신뢰를 증진시키는 외교 활동을 말한다.'라고 규정되어 있다.

따라서 각국마다 수출품을 외국에 내다 팔 듯이 자국의 안보와 그 위상을 위해 통상, 문화, 인적 교류 등 비정부 부문으로 확대를 꾀하고 있다는 것은 주지의 사실이다.

미국에서 보는 대한민국은 주지하듯이 더 이상 '동방의 작은 국가, 지도상에서 찾기 힘든 나라'는 아니다. 1980년대 일본 경제가 미국을 추월한다고 떠들썩할 때 국제사회에 '일본의 경제적 위협론'을 불식, 희석시키기 위해 엄청난 자금을 뿌려 가며 대미 공공외교를 펼쳤다.

한국 정부의 국제교류재단 등을 통한 전문가 그룹에 의한 공공외교 활동과 노력들은 특성상 노출되지 않지만 그 결과에 대한 계량화 또한 쉽지 않아서 예단이 어렵다. 몇몇 자료들에 의하면 그 규모나 지원 면에서 아시아 인접 일본, 중국에 비해서 현저히 뒤져 있다는 것 또한 부인하기 어렵다.

그러므로 현지 워싱턴에서 느끼고 있는 대미 공공외교는 정부 외교와 현지 동포 사회만 보이는 게 현실이다. 워싱턴 한인 동포 사회도 이민 생활의 특성상 커뮤니티의 범위를 크게 벗어나지 못하고 있는 실정이다. 팬데믹 이후 한국의 위상은 앞서 언급했듯이 한류 문화의 거센 훈풍을 마음껏 향유하고 있는 역대급 공공외교의 르네상스라고 해도 과언이 아니다. 더군다나 코로나 방역에 의한 'Made in Korea'의 제품 경쟁력은 초세계적이다. 기업과 문화가 견인하고 외교와 민간이 추동하고 있다고 본다. 다만 이런 호재가 남북미 간의 종전과 평화, 그리고 통일의 길로 연결되지 못하고 있는 것이 안타까운 현실이다. 이것이 워싱턴을 비롯한 민주평통 미주지역의 숙제이기도 하다.

(평통의 역할)

민주평통에서의 평화 공공외교의 개념은 우리 정부의 노력만으로는 한계가 있는 분야, 즉 역사, 전통, 문화, 예술, 가치, 정책, 비전 등에 대한 신뢰를 외국 국민들에게 확산하고 전쟁을 반대하고 평화를 지향하는 시민들의 의지를 결집시켜 한반도 평화에 대한 지지여론을 확산하는 것이다.

(워싱턴 평통 협의회가 해야 할 일)

2019년 11월 27일 한국의 야당 원내대표는 한미 불공정 방위비 협상차 방미해서 미 국무부 대북 특별 대표에게 '6개월 남은 내년 총선전에는 트럼프—김정은 3차 정상회담을 하지 말 것'을 요청하였다.

정부가 민족적 숙원을 다해 평화와 통일을 위해 혼신을 다하고 있는 마당에 일어난 일이다. 이런 외교가의 난센스는 한국 이외에는 그 유래를 찾아보기가 힘들다.

워싱턴에는 한국의 정부, 국회, 정치인들이 쉴 사이 없이 내방한다. 만약 일본의 야당 정치인들이라면 어땠을까, 이스라엘 정치인들이 워싱턴에 오면 어떻게 행동할까를 생각해 보면 오싹할 일이다.

최근 발행된 2021 워싱턴 지역 한인들만을 상대로 하는 업소는 5,356개인 것으로 나타났다. 교회 등 종교 단체 362개, 부동산 720개, 학원 148개, 보험 230개, 건축 210개, 회계사 127, 의료기관 554, 식당 244, 변호사 170, 미용실 96개 등이다. 그 외 한인회, 동창회, 친목회, 체육회, 향우회 등 300여 사회봉사 단체들이 있다. 공공외교 측면에서 보면 워싱턴에서 한인들이 모인다는 것은 단순한 모임 이상의 의미가 있다.

따라서 민주평통 워싱턴 협의회의 역할이라고 한다면,

우선, 지리적, 시간적, 공간적인 장점을 살려서 미국 연방의 대외, 대한, 대북 정책을 위해 의원, 보좌진, 인턴 등과 다양한 상시 협조 체계를 유지하는 것이 가장 현실적인 역할일 것이다.

그리고, 이를 위해서 동포 사회의 유관 단체들과 긴밀한 소통을 통해서 위에 열거한 공공외교의 범주를 확대하고 협력, 협조, 단합을 위해서 한인 동포 사회의 구심을 모으는 역할을 감당해야 할 것이다.

또한, Korean 정체성을 확고하게 갖고 있는 차세대 청년들을 적극 발굴하고, 지원하고, 참여시켜서 'Young Korean Academy group' 형성을 위해 지원해야 한다. 이를 통해서 전 세계 750만 재외동포들로 하여금 민족 통일의 구심력을 잃지 않도록 하여 'Korean PEACE MISSION'을 수행하는 첨병이 되어야 한다. 아울러 2,000여 선배 평통 위원님의 전통을 계승하고 20만 워싱턴 동포 사회 내에서 평화의 향도가 되도록 열심히 노력하고자 합니다.

민주평통 월간지에 실린 필자의 글(2021년 12월호)

# 가는 정 오는 정

코로나 연말을 두 번째 맞이합니다. 꼭 팬데믹 때문은 아니지만 그동안 워싱턴 지역에 대형 연회장이 딸린 한국 식당들이 많이 문을 닫았습니다. 우래옥, 팔레스, 글랜 버니 궁전, 그 외에도 더 있을지도 모릅니다. 신규 이민 유입의 감소가 가져다준 자연스러운 현상일 수도 있다 생각합니다. 반면에 정통 한식과 현지 음식의 스타일을 혼합한 형태의 퓨전 식당들이 오픈하고 있습니다만 예전 같은 연말 분위기는 아닙니다.

처음 이민 왔을 당시만 하더라도 전설적인 이야기들을 전해 들었습니다. 1천 명이 넘는 인원들이 자동차 경품을 하는 등 경쟁적으로 무용담을 하길래, '하, 참 신기하구나.' 했었습니다. 지금도 큰 규모의 연회는 단체들의 로망일지도 모릅니다. 그렇다고 앞질러서 트렌드를 확 바꾸어 버리면 운영의 탄력이 급속도로 약해질 수도 있습니다.

살아가면서 어떤 노스탤지어를 가지고 있다는 것은 삶의 찌꺼기가 아니고, 농익은 원두커피 같은 게 아닌가 합니다. 그마저 트렌드로 빼앗겨 버린다면 세월마저 삭막해져 버리지나 않을까 합니다. 때로는 우울함마저 낭만으로 치환하고 싶은 앙망을 고백합니다.

연말인데도 전체 송년회 소식을 전해 드리지 못해서 스스로 먼저 미안함을 전합니다.

지난 출범식을 마치고 나서 연말까지 '청년 기간'으로 생각했고, 몇 가지를 타진해 보다가 외부 행사들로만 바빴습니다. 주어진 여건에서도 마이애미, 시애틀 행사에 참여해서 소기의 성과를 올리고 돌아온 청년분과 여러분에게 격려를 보냅니다. 예고된 1월, 2월에도, 아니 제 임기 내내, 통일의 그날까지 '통일 청년 양성'에 대한 관심이 간단없이 지속되어야 할 것입니다.

얼마 전 평소 아시는 분이 자꾸 볼일이 있다 하셔서 만났는데 느닷없이 봉투 하나를 손에 쥐여 줍니다. 은퇴하신 분이면 말을 해도 알고 안 해도 알 수 있어서 거절했습니다. 며칠 뒤 또 보자고 하십니다. 오라는 데는 없어도 갈 곳은 많은 평통회장이니, 회피할 수도 없고 다시 식사를 하고 나니 또 그 봉투를 내밉니다. 봉투 속에 1,000달러짜리 수표가 들어 있었습니다. 수취인에 평통 공식 계정이 아니고 제 개인 이름이 있는 걸로 봐서 어련하겠냐 싶었던지 그랬나 봅니다. 거절도 심하면 '싹수없을 것' 같아서 받았습니다. 그러면서 다짐과 약속을 했습니다.

'정성이 아주 고약해서 할 수 없이 받겠습니다. 수취인을 바꿔 주십시오. 'ACDPU'(워싱턴 협의회)
청년들을 위해서 잘 쓰겠습니다.'
이렇듯 청년 이야기만 계속하니까 하도 죄송해서,
'수석 부회장님, 저희 고문님들 한번 모셔요. 저는 연말이 바쁘지

만….'

그러자 최민석 고문님이 오랜만에 고문들 챙겨 주시니, 쇠뿔도 단김에 빼자고, 화답합니다.

'최웅길 대표님의 트럼프 목장 방문 후기도 듣고, 송년회 추진단을 구성하고 참석일 투표하고 해서 정한 날짜가 바로, 12월 8일 오후 6시' 장원 반점입니다.

식사 끝나고 최웅길 대표님께서 2차를 정하실 것으로 생각하고 노래 3곡 준비해 갑니다.

1) 〈고장 난 벽시계〉
2) 〈보약 같은 친구〉
3) 〈그 여자의 마스카라〉입니다.

(고문단 송년회를 마치고 나서)

와인이 값비싼 것은 아닙니다만 제게는 사연이 있는 것입니다.

저는 입맛이 까다롭지 않아서 뭐든지 잘 먹습니다. 입이 고급스러워야 와이프 솜씨가 개발된다고 하는데 주는 대로 먹다 보니 불평은커녕 불만조차 없습니다. 맛에 대한 감각이 둔한 걸로 여겨집니다. 앞으로 저와 식사하실 기회가 있으시면 부담 없이 본인께서 좋아하시는 걸 주문하십시오. 아주 단순 명쾌합니다.

3년 전엔가 와이프와 뉴욕에서 벌어진 한인 하프 마라톤(13.1마일)에 출전했습니다. 마라톤이 장거리 경주여서 그런지 원정 마라톤을 자주

합니다. 그 대회에서 집사람이 60세 이상 여성부에서 1등을 했습니다. 트로피를 받고 돌아왔습니다. 며칠 후에 상품이 배달되었는데 상품권과 함께 그 와인 한 병이 함께 배송되어 왔습니다.

기분이 특별해서 그랬던지 달지도 떫지도 않고 간이(?) 딱 맞는 레드 와인이었습니다. 그런 뒤로 와인에 대한 복잡한 생각을 정리해 버리고 그 와인을 케이스로 주문해서 항상 집에 와인이 떨어지지 않게 합니다. 여러 고문님들과 연말에 만나는데 뭐라도 준비할까 하다가 문득 집에 있는 걸 그날 가져갔습니다. 선물 포장 백을 사러 갔는데 그게 2~6달러까지나 해서 또 한 번 놀랐습니다.

눈 오는 날에 맛보는 화이트와인과 스시는 그 궁합이 썩 괜찮습니다. 그게 꼭 첫눈이 아니래도 좋습니다. 마실 때 평통도 곁들이면 좋고요. 감사하고 아름다운 밤이었습니다.

2021. 12. 10.

# '근데, 네가 왜 거기서 나와'

1997년 12월 한국 정부의 가용 보유 외환이 39억 달러밖에 없었다. IMF, IBRD, ADF 등에서 583억 달러를 긴급 빌려 오는 대가는 혹독했다. 외국인 주식 취득 한도를 26%에서 50%로 늘렸다가 1달 만에 100%로 개방했다. 국내 콜금리를 25%로 2배 인상해야 했다. 그렇게 긴급 수혈 자금이 들어오자마자 다국적 기업들은 달러를 빼내 가 버렸다. 원 달러 환율이 1,800원대까지 치솟았다. 나라가 아니었다.

'나는 협상하기 위해서 왔다.' 1997년 12월 3일 미셸 캉드쉬 IMF 총재의 한국 입국 일성이다. 대통령은 물론 경제부처 공무원은 IMF 캉드쉬 앞에서 벌벌 떨었다. 한일 합방 때도 이랬을 것 같았다. 약소국가의 비애이자 굴욕이 생생한 24년 전의 기록들이다.

1888년 박정양 초대 주미공사는 '대한제국 주미공사는 우선 청국 공사관에 찾아와 그들의 안내로 주재국 외무성에 간다.'라는 청나라의 '영약삼단(另約三端)'을 무시하고 직접 미 대통령을 만나 전달함으로써 당당한 '자주외교'를 펼쳤다. 바로 그 자리 맨 앞에는 참찬관 이완용이 서있었다. 그 이완용이 바로 나라를 팔았던 사람이자 '매국노'의 대명사가 된 사람이다. '자주와 매국'이 같은 자리에 서 있었던 것이다. 정치인들의 운명이 '한순간'이라는 것을 엿볼 수 있는 장면이다.

세계 한국 이민 사회 어느 곳이나 동포신문에는 한국인 2세 또는 한국계의 해당 정부 진출에 대한 기사가 종종 올라온다. 필자는 그럴 때마다 남의 일 같지 않고 자랑스럽다. 축하도 받고 격려도 한다. 그것은 단순한 개인적 성취 그 이상일 것이라는 필자의 선망이 담겨 있다.

2020년 12월에 있었던 제117대 미 의회 선거에서 4명의 한국계 의원이 탄생했다. 영옥, 순자, 은주라는 한국 정서의 이름을 가진 여성 의원과 앤디 김이 그들이다. 비록 소속 당은 다르지만 이들 3명이 마치 언니 동생처럼 연대해서 미국 내 한국 교민 사회 이익을 위해 힘을 합치고 고국인 한국과 소통하는 역할을 하겠다며 단합을 과시한 것은 미주 한인 이민 역사의 쾌거였다.

그런데, 지난 12월 7일 영옥이라고 불리는 영 김 의원은 같은 공화당 소속 은주 언니와 함께 35명의 미 공화당 의원들의 맨 앞에 서서 한국전 '종전 선언 반대 서한'을 미 정부에 보냈다고 밝혔다. 순간 귀를 의심했다.

민주평화통일자문회의가 발표한 '2021년 4분기 국민 평화통일 여론 조사' 결과, 응답자 중 종전 선언에 대해 긍정하는 답변이 67.2%(매우 필요 38.3%, 어느 정도 필요 28.9%), '필요하지 않다'는 응답이 27.6%(전혀 11.5%, 별로 16.1%)로 조사됐다. 한국 내의 일반 여론도 거의 70%가 한반도에 전쟁을 종식하고 평화를 바란다고 답했다. 이 정도면 거의 절대적이다.

미국에 사는 동포들 중에는 조국 대한민국이 세계 10대 강국이지만 분단 70년이 되었는데도 통일은커녕 한반도 평화를 위한 '한국전 종전' 조차도 못 하고 있는 현실을 통탄해하면서 생면부지의 미국 하원의원들을 물어물어 찾아다니면서 '한반도 평화법안(HR3446)'을 미 하원에 상정하고 그 동의를 구하고자 생업마저 뒤로하고 이리 뛰고 저리 뛰면서 현재(12/28/2021)까지 34명의 동의를 받고 있다. 그 법안에는 북의 이산가족들도 얼마 남지 않은 생전에 만나게 할 내용까지도 있다. 이런 운동을 모르는 한인이 거의 없을 정도다.

이민 와서 말똥거리는 아이 손잡고 미국 학교에 입학시켰던 '그날'을 이민자 부모들은 모두 기억할 것이다. 이 아이가 이곳에서 잘 배워서 딱히 조국과 민족을 위하는 일은 아니래도 적어도 자기 자신을 세우는 건강한 한국인의 후세가 되기를 소망했을 것이다. 영 김 의원이 속한 선거구민의 34%가 아시안이라고 한다. 특히 한인들의 도움 없이는 이번에 당선이 불가능했다고 말한다. 꼭 대가를 바라서는 아니다. 오히려 정치인의 관점에서 본다 해도 이해 불가다.

이번 일은 마치 머리 좋은 자식 하나를 위해서 다른 형제들 희생시켜가며 온 힘을 다해서 뒷바라지했던 부모 가슴에 대못을 박는 신파극의 주인공 같은 행동이다. 그래서 필자는 문득 당신의 부모가 가장 먼저 떠올랐다. 그리고 앞으로 '2세들의 주류 진출'에 대해서 한인 커뮤니티에 뭐라고 하면서 후원하고 독려할까 마땅한 명분을 못 찾겠다.

비슷한 트라우마를 한 번 일깨워 드리겠다. 한국계 최초의 미연방 하원 김창준 의원을 많은 분들이 기억할 것이다. 하지만 그가 조국을 위해 남겨 놓은 것은 빈약하다 못 해 거의 아무것도 없다. 오로지 이름 정도뿐이다. 오히려 그의 부모 세대가 겪었을 반이민법, 이민 축소법, 사회복지 축소법을 발의, 또는 동의하여 한인 사회의 공분을 샀던 안타까운 기록만 있을 뿐이다.

내가 알고 있는 미국 사회는 각자의 정체성을 지켜 가면서 전체적인 입장을 견지하는 가치와 행동을 존중한다. 물론 당신도 전략 없이 그런 일을 했겠는가만 만약 유태계 의원이나 일본계 의원이라면 지금처럼 그런 일의 맨 앞에 서서 했겠는가는 몹시 궁금하다.

그래 이것저것 모두 접고 미 하원 연방 하원 생활 1년의 자존심을 존중한다고 치자.

그러나 '인류의 평화'와 '한민족의 통일'을 인생의 가치로 알고 살아가고 있는 어느 원로 이민자의 자존심도 결코 작지 않다는 것도 사실이다. 갑자기 신세대 트로트 가요 중에 믿는 도끼에 발등 찍힌 심정을 노래한 게 떠오른다.

'근데 네가 왜 거기서 나와!!'

2021. 12. 27.

미국 민주당 하원 3선 앤디 김 의원과 이기창 전 사람 사는 세상 워싱턴 대표님

# 내부 고객 만족이 최우선

연말이어서 각 단체들의 송년회들이 이어진다. 이런 말이 있다. '좋아서 웃는 게 아니라 웃으니까 좋아지더라.' 매년 해 오던 평통 전체 송년회를 못 하고 지나간다. 출범식과 신년회 사이에 송년회까지를 매월 한다는 게 여러 가지를 고려해서 못 하지만 아쉬움도 많다. 이해해 주시면 고맙겠습니다.

식당을 하다 보면 평소 조리 기계, 조리 기구, 음식 재료, 포장 용기, 계산대 주변 등 둘러보면 필요한 아이템이 500가지도 넘는다. 어떤 것은 1년에 한 번 정도 쓰는 것이지만 꼭 이럴 때 없다. 그중 한두 가지 없다고 영업을 못 하는 것은 아니지만 그 없는 품목 한두 가지가 하루 종일 머리에서 가시지 않는다. 평소 거래처에 그런 물건이 없으면 도매상, 소매점에까지 가 보지만 없다. 가격이 문제가 아니라 품목 자체가 3개월째 감감무소식이다. 전혀 엉뚱한 걸 비슷하게라도 써 보면서 이 '유통 대란'을 겨우겨우 이겨 내고 있지만 그 끝이 가물거려서 우울한 연말이다.

우리가 무심코 먹는 식탁 위 음식만 해도 그렇다. 쌀 한 톨이 입에까지 전달되는 데는 셀 수 없는 여러 사람의 인내와 노력이 깃들어 있다. 우리는 미국(美國)이라고 쓰지만 일본은 미국(米國)이라고 쓴다. 쌀(米)에는 농부의 발걸음이 '八十 八' 번 다녀가서 비로소 쌀이 된다는 뜻이 있다.

평통은 실행 단체라고 생각한다. 물론 학습 단체적인 성격도 있고 신임 자문 위원의 경우에 그 정체성 정립이나 콘텐츠 보강은 필수적이다. 그러나 전체적으로 하나를 제시하면 열을 헤아릴 줄 아는 분들의 모임이다. 왜 이 일을 해야 하는가에 대한 스스로의 노력은 '각자의 몫'이 상당하다. 그렇다 해도 회장으로서 부족함을 채우기에 급급합니다. 송년회를 못 하고 지나가는 일이 마치 식당에 부족한 아이템이 있는 듯합니다.

대부분의 이민 사회단체가 봉사 단체의 성격이기 때문에 리더들에게 요구되는 부분이 크다. 리더의 역할이 상당하다 못 해 절대적이라 해도 과언이 아니다.
그런 경력들을 평통 사무처에서는 많이 고려해서 위원님들을 위촉하게 된다. 모든 단체는 직무와 역할이 있게 마련이다. 그런데 봉사에 바탕을 두고 있기 때문에 그 직무와 역할을 강제할 근거가 매우 약하다. 그렇기 때문에 상호 간에 절대적인 협조를 구해야 하는 연구와 노력들이 필요한 이유이기도 하다. 제가 늘 강조하듯 그 역할이 언제 누가 바뀌어도 하나도 이상하지 않은 훌륭한 분들이 함께하고 있다고 생각합니다.

벌써 4개월이 되었습니다.
내부적인 감동과 만족은 자연스럽게 외부에 투영된다. 어느 분들이나 마찬가지겠지만 '내실'이란 것을 생산기관이 아닌 협의회에 무리하게 대입시킬 수는 없습니다. 억지로라도 적용해 본다면 회원님들의 '결속과 협조'가 바로 내실이라고 할 수가 있을 것입니다. 그런 내부 만족에 대한 생각이 저에게는 가장 의미 있는 일이라고 생각합니다. 새해에도 그런 노력을 게을리하지 않겠습니다.

매년 연말이면 가게에서 일하는 친구들에게 각별한 신경을 쓴다고 씁니다. 이는 한국에서부터 해 오던 관성의 지속입니다. 그래서 그런지 15명 정도 되는 종업원들의 근속 기간이 대체적으로 긴 편이다. 어쩌다 올해 함께하게 된 친구들의 연말 선물에 대한 감동은 또 다르다. 전하는 기쁨이 훨씬 크다는 것을 압니다.

모두 나누어 주고 되돌아오면서 여러분 생각이 나서 몇 자 적습니다. 올해는 그냥 마음으로 받아 주세요.

Merry Christmas, 여러분.

2022,
공감과 설득의 징검다리는
촘촘할수록 좋다

## 2022년 새해 인사

새해가 밝았습니다. 그러나 2년여 이어지는 팬데믹 상황이 잦아들지 않고 있어서 신년이지만 많이 위축되고 우울하기까지 합니다. 그것은 주변의 어려움을 안타깝게 생각하는 '어질고 착한' 한민족 고유의 정서가 있기 때문이라고 생각합니다.

제가 살아온 동안 바뀌지 않고 들어 온 말 몇 가지 중에는 '경제가 어렵다.'와 '희망을 잃지 말자.'가 있습니다. 경제는 항상 어려웠습니다. 경제가 좋다는 이야기를 단 한 번도 들어 보지 않고 살아왔지만 분배가 문제 될 뿐 경제는 지속적으로 성장했습니다. 희망은 미래의 단어입니다. 위 두 단어 '경제와 희망'은 뜻은 다르지만 한 가지로 해석될 소지가 다분합니다. '어렵지만 누군가는 성장을 하고 있었고, 그 보이지 않는 희망을 현실로 가꾸는 사람들이 있어 왔습니다.' 이것은 누구나 주목해야 할 지점입니다.

저는 '조국과 민족'을 사랑합니다. 그런데 대체로 조국을 위해서는 애국을 떠올리고, 민족을 위해서는 통일을 떠올립니다. 분리해서 생각할 말이 전혀 아님에도 그런 현실이 안타깝고도 서글픕니다. 조국과 민족은 '거래(Deal)'의 성격이 전혀 아닙니다. 부모, 형제지간에 '거래'만 존재한다면 남하고 다를 게 없습니다. 그래도 현실은 현실이니까 남북 관계를 거래라고 칩니다. 거래의 본질은 '설득과 거절'입니다. 동의하지 않을는지 모르지만 마케팅 연구에 의하면 '설득'이 '거절'을 이기는 것으로 결론이 나 있습니다. 아무리 거절해도 설득하고 또 설득하고, 설득을 지속하면 결국 거절을 포기하게 된다고 말합니다.

통일의 관점에서 보면 우리 민족에 몇 차례의 결정적 기회가 있었다고 합니다. 그렇지만 그때마다 반성하고 성찰해야 했었다고 회고하는 전문가분들이 계십니다. 혹자는 자존심을 이야기합니다. 혹자는 갑질, 굴욕을 이야기합니다. 부모 형제간에 갑을이 어디 있으며 자존심은 뭐에 씁니까. 우리 민족이 세계 10대 강국에서 더욱 융성하려면 국토와 인구의 규모가 필수적입니다. 가능하다면 지금이 바로 그럴 시기라고 생각합니다. 그렇지만 완전 통일까지는 아니래도 현재의 남북 평화 상태를 유지 발전시킬 수 있는 굳건한 토대를 위해서는 '상호 신뢰'라는 절대적 조건이 상호 간에 필요한 게 2022년 정초의 현실입니다.

따라서 워싱턴 동포 여러분과 함께 저희 '민주평통 워싱턴 협의회'는 '지속 가능한 한반도의 평화'를 위한 배전의 노력을 다시 다짐해 봅니다.

동포 여러분,
가정과 직장의 안녕과 평화를 빕니다.

2022. 1. 1.

2022 신년 하례회 맨 끝에 앉아 있었는데 누군가 찍어서 보내 주셨다

# '타협이냐, 변절이냐'

### (버락 오바마 대통령 자서전)

요즈음 같이 재택근무가 일상인 경우는 단독 주택이 좀 더 낫다. 그래 봐야 주택 형태와 규모는 다를지라도 방, 거실, 주방이 모두 갖춰진 그렇고 그런 똑같은 주거 환경이 미국 주택들이다.

새해 첫 출근이라고 할 수 있는 1월 3일 월요일 아침부터 눈이 내렸다. 올겨울 들어서 첫눈이다. 점심을 먹고 난 뒤 기온이 내려가서 얼어 버리면 약간의 비탈진 진입로 언덕이 문제가 된다. 부랴부랴 제설기를 켜고 눈을 치웠다. 거의 끝나 갈 무렵에 집 안에서 근무 중이던 딸이 뭐라고 부르는 것 같아서 시동을 끄고 마당을 보니 지난여름에 인터넷 선을 땅에 묻지 않고 마당을 지나게 노출시켜 놨던 게 제설기 칼날에 그대로 잘려 버렸던 것이다. 딸이 전화를 해 보더니 3일 후에나 고치러 온다고 하고는 그대로 짐을 챙겨서 친구 집인지 호텔로 가 버렸다.

예전에 가끔 정전이 되고 나면 순간 모든 게 '정지'된 느낌을 받곤 했었는데 인터넷 안 되고 보니 비슷하게 주변이 '고요해'져 버렸다. 일상 업무도, 물건 주문도, 은행 일도, 뉴스도, 개인 SNS도 모두 단절되었다. 무심하게 뒷마당 30m 비탈에서 눈썰매를 타는 옆집 꼬맹이들만 신이 났다.

얼마 전에 선물 받은 두꺼운 책이 눈에 들어왔다. 버락 오바마 대통령이 쓴 자서전 《A PROMISED LAND(약속의 땅)》의 책장을 폈다. 첫 페이지 시작에는 백악관 침실에서 매일 아침 집무실로 출근하는 1분짜리 출근길 '콜로네이드' 길에 대한 생각이 적혀 있었다. 그 1분의 시간에 스쳤던 수많은 생각들이 담담히 적혀 있었다. 인간적인 너무나 인간적인 출근 모습이 담담히 적혀 있었다.

부유한 외갓집, 다분히 정치적이고 여성적인 어머니, 일생에 딱 한 달간 생활했던 아버지, 쪼들린 가운데 입학한 하와이의 사립학교에서 느낀 차별성, '남을 괴롭히고 속이고 잘난 체하는 이들이 승승장구하고, 선량하고 예의 바른 이들은 큰 곤욕을 치르는 것'을 보면서 자랐던 학교생활을 소개한다.


그는 당시, 주로 찾는 피난처가 '책'이었다고 한다.

또 몇 장을 넘겼는지 모른다. '타협이냐, 변절이냐' 하는 대목에서 잠시 호흡이 멎었다. 그렇다, 책장을 넘길수록 밖으로는 외모와 천성을 유연하게 유지하려 애썼던, 온갖 수모와 경멸까지도 '내면의 단련' 재료로 사용할 줄 알았던 사람으로 보였다.

아주 조용해 보이는 외면과는 달리 모든 정책마다에서 타협과 소신, 갈등과 조정의 심장을 쥐어짜는 장면들이 이어지고 있었다.

순간 건방지게도 동병상련을 느꼈다. 까칠한 미셸의 동의를 받아 내는 것부터 중동의 이라크, 아프가니스탄에서 매일매일 몇 명이 어디에서 어떻게 사망하는지까지를…. 갑자기 궁금해졌다. 한반도 문제를 어떻게 보았고, 어떤 자세로 임했을까…. 책장을 건너뛰지 않을 수가 없다. 주목할 만한 뭔가가 나올지는 모르겠습니다.

다 읽지는 못하고 이 글을 먼저 씁니다.


그런 그의 8년 임기 후의 외형적 모습은 너무나 달라 보였다. 세계의 대통령이라는 중압감과 스트레스 때문이었을까.

그 8년 세월이 팽팽했던 그를 생물학적으로 너무나 학대했다는 느낌을 받았다. 제가 왜 이 대목에서 이 글을 쓰고 있는가 하고 회자되는 지점이기도 합니다. 인생, 세상, 한없이 아름다워도 부족합니다만 실제로는 그렇지 않다는 걸 느낍니다.

그에 비하면 나의 투정은 어린애 반찬 투정 정도도 안 될 것입니다.

2022. 1. 7.

집 뒤뜰에서 썰매를 타는 이웃집 어린이들

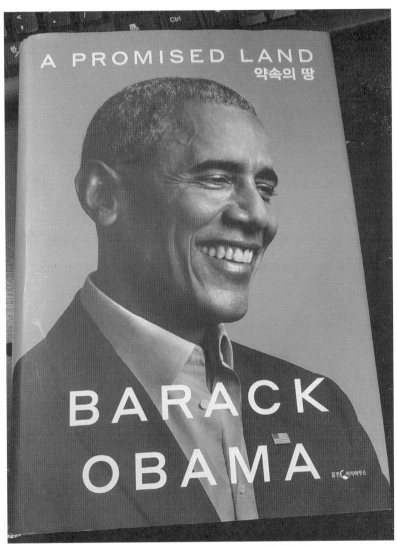

버락 오바마 전 미국 대통령의 자서전 《약속의 땅》 표지

# 위기 극복의 슬기
## (간사 문제와 리더십)

'각자의 위치로.'

운동장에 22명의 꼬마 축구선수가 양편으로 갈라져서 축구 시합을 합니다. 선생님이 각자의 포지션을 정해 주고 양편으로 '포지션에 위치시킨 다음'에 센터서클에서 공격과 수비를 정하고 시작 호루라기를 붑니다. 어땠을까요, TV에서 본 듯한 장면이었을까요, 천만에요, 그렇지 않았습니다. 골키퍼를 제외한 20명이 한꺼번에 볼을 향해서 쇄도합니다. 마치 벌 떼처럼, 어쩌다 넓은 운동장 한쪽 귀퉁이에 공이 굴러 가면 축구공이 빠져나올 줄을 모릅니다. 하는 수 없이 선생님이 중지시킨 다음에 다시 공을 운동장 중간으로 모이게 한 다음 '뭐라고 뭐라고' 지시합니다.

각자 다시 처음의 자기 포지션으로 되돌아가게 하더니 각자 서 있는 자리에서 땅바닥에 동그라미를 그리게 합니다.

그 크기가 일정하지도 않고 삐뚤삐뚤합니다. 다시 호각이 울립니다. 이전 같지 않습니다. 운동장 전체에 골고루 위치해 있으니 보기에는 그럴싸합니다.

그런데 가만히 보니 공이 자기가 그려 놓은 원 안으로 올 때면 볼을 상대 진영으로 차고 나서는 다시 제자리로 되돌아가기를 반복합니다.

어쩌다가 원이 아닌 중간 지대에 공이 멈춰 버리면 어떻게 되었을까요. 서로만 쳐다보고 경기가 중단되어 버립니다.

역할(포지션)과 사명(협동), 소통(패스)을 이야기할 때 서로 나누었던 사례입니다.

이런 상황이 실제 한다면 하고 분임 토의에 들어갑니다. 참 다양하고 흥미로운 이야기들이 오갑니다. 상상이 좀 되지 않나요.

그러나 오늘 저는 문득 새로운 사실에 통감합니다.

두말할 것도 없이 선생님의 역할과 책임이 가장 큽니다. 왜 경기가 중단되게 했느냐는 것에 대해서 변명의 여지가 없습니다.

그래서 이번에 저희 내에서 수고하고 계시는 간사님의 어떤 사적인 일들이 발생했던 시점(19기 때의 일들)과 2021년 9월 1일 임기 시작된 이후의 시점을 불문하고 이번 일이 비공식적이지만 제가 최초로 이런 사실을 인지한 2021년 12월 20일부터 관련 사항들을 체크하기 시작했습니다.

저희 협의회 업무가 중단될 위기입니다. 더욱 침착하게 내용을 정리하고 최상의 대책을 고민하겠습니다.

연말연시가 겹치고 출타하신 분들과도 계속 상황을 체크하고 협의회 대표로서 뭘 해야 하는가를 진중하게 진행하였습니다. 최선을 다한다고 했지만 처리해야 할 몇 가지 일들이 아직 남아 있습니다. 대표를 한번 믿어 주시고 이번 주 내에 그 결과를 정리해서 말씀드리겠습니다.

제가 1월 9일 큰 어깨 부상으로 움직임이 좀 불편하여 글 쓰기가 편치 못합니다. 뉴욕 그레고리 믹스 미연방 하원 외교위원장 후원 모임의 멤버로서 갔어야 하는데 참석도 못 했고, 브래드 셔먼 하원의원 면담도 약속했지만 못 갔습니다.

차질 없이 신년 하례회 진행되도록 하겠습니다.
앞으로 더욱 재미있는 경기를 위해 다양한 전술을 가다듬도록 노력하겠습니다.

(추가: 2022년 1월 13일 자로 강고은 간사가 사임을 하고 김유숙 부간사를 신임 간사로 추천하여 2022년 1월 14일 자로 임명되어 함께 임기를 마치게 되었다.

강고은 간사가 출범식 등 임기 초기에 너무나 수고가 많았는데 중도 사임하게 된 데 대하여 회장으로서 인간적인 미안함이 있다. 간사 개인과 비즈니스가 평통 간사직보다 훨씬 더 중요하다고 생각해서 결정하였다는 사실은 지금도 변함이 없고, 맞았다고 생각한다. 회장으로 인해 발생한 일이 아니지만 단체의 대표로서 인간적 책임을 느낀 일로 기억하고자 한다. )

2022. 1. 14.

# Good News, Bad News

 

정월 초하루, 한국 축구가 월등한 실력으로 2022 카타르 월드컵 축구 경기 예선에서 10회 연속 월드컵 본선에 진출했다. 이 기록은 아시아권에서는 타의 추종을 불허하고 세계에서도 6번째 국가이다. 일본은 아직도 몇 게임을 남겨 놓고 숨 막히는 경쟁을 벌이고 있고, 중국은 베트남에게도 패하여 탈락했다.

유교문화권인 동양에서는 설날에 여러 가지 길흉화복에 대한 기대와 전망을 내놓는다. 사람들은 정도의 차이가 있으나 개개인의 삶과는 상관관계가 '0'에 가까운 이런 국가적인 일에 기분과 기운이 비례하는 분들이 있는가 하면, '네 것 너 먹고 내 것 내 먹고 식'으로 소가 닭 보듯 하는 분들도 의외로 많다.

현재 살고 있는 미국 동네에 한국 그로서리 마켓이 있고 없고를 가지고도, 서로의 필요에 의한 '당위로 보는 사람'이 있는가 하면, 서로에게 없어서는 안 되는 '감사로 생각'하는 분들도 있다. 조그만 일 같지만 실제로는 '엄청난 차이가 있다.'라는 말씀을 여기서 드리려고 한다.

지금부터 2년여 전, 코로나 직전이던 2019년 7월 4일 일본의 아베 수상이 일본 참의원 선거(7/21)를 앞둔 시점에서 한국에 반도체 생산 소재 3개 품목에 대해서 대 한국 수출규제를 발표하였다. 소위 '한일 무역 전쟁'을 선포한 것이다. '다신 일본에 지지 않겠다.'라던 문재인 대통령의 결기마저 긴가민가했었다. 그로부터 2년여가 지난 오늘날 그 전쟁 결과는 한국의 완승이요, 먼저 시비를 걸어 왔던 일본 경제는 잃어버린 30년을 지나 청나라 말기처럼 몰락하고 있다는 것이 일본 내 경제 전문가들에 의한 최근의 진단이다. 그 당시 '한국이 일본을 감히 어떻게 넘보냐'면서, 나라가 곧 망할 듯이 'No Japan'에 대하여 우려와 비굴을 보였던 우리 중의 일부가 있었음을 역력히 기억한다.

새해를 맞이하면 서로서로 덕담이라는 걸 한다. 소위 'Good News'를 암시해 주면서 희망을 나누는 것이다. 그래서 덕담은 생자(生子), 득관(得官), 치부(致富) 등 상대가 반가워할 말을 들려주는 것이 좋다. 세월이 더해질수록 이런 덕담이 공허로운 듯하니 그마저 매우 조심스럽다. 서로서로가 알면서도 금기어가 되어 가고 있는 '금수저 흙수저'로 대변되는 이웃 간의 피폐해진 감정 때문에 저 멀리 국제사회에서 벌어지고 있는 '나라의 미래와 운명'은 차라리 남의 일이 되어 버렸다.

거기에다가 3년째 접어들고 있는 코비드는 국민 개개인들을 더욱더 참담하게 만들고 있다.

지각의 판이 부딪치는 곳에서 지진과 화산이 분출되듯이 다극의 국제체제는 역사적으로 극과 극이 만나는 지점에서 '전쟁'이라는 비극을 양

산해 왔다. 새로운 격변지로 변하고 있는 현재의 '우크라이나'가 그렇다. 유럽의 NATO와 러시아 사이에 끼인 우크라이나의 운명은 백척간두이다. 현재 우크라이나의 자주적 역량과 의지로는 나라의 운명을 담보해낼 재간이라고는 그 어디에도 보이지 않는다. 군사력, 경제력, 외교력을 망라하는 '국력'만이 우크라이나의 장래를 결정할 뿐이다. 이것은 어느 나라든지 남의 일이 아니다.

그런 의미로 2021년 말 세계 국력 순위 한국의 8위 발표(US NEWS)는 시사하는 바가 크다. 미, 중, 러, 독, 영, 일, 프에 이은 순위다. 앞 순위 국가들을 다시 한번 보자 언제 적 한국이던가 스스로 놀랍다. 같은 자료의 2020년에는 9위였다. 78개국 7천여 명의 전문가들로부터 각국의 경제, 정치, 외교, 군사, 문화 등을 망라하는 76개의 각종 지표를 종합해서 얻은 '국력 올림픽' 같은 것이다.

눈에 띄는 것 중에는 미래지향성(1위), 민첩성(6위), 문화 영향력(7위), 군사(6위), 경제(10위), 수출(6위) 등이다. 그야말로 'Dynamic Korea'다. 이를 이룬 기업과 국민이 자랑스럽다. 특이점 하나는 이런 사실을 국민 대다수가 모르고 있다는 것이다. 그래서 낮은 국내 언론 환경이 '숙제'로 지적되고 있기도 하다.

새해 들어 발표되고 있는 각종 경제지표는 세계 5위 진입도 이제는 더 이상 꿈이 아닐 것 같다. 국토나 인구의 기존의 개념을 뛰어넘는 가상과 초월을 의미하는 '메타(Meta)'와 세계·우주를 뜻하는 '유니버스

(Universe)'의 합성어로 가상현실보다 한 단계 더 나아가 사회·경제적 활동까지 이뤄지는 온라인 공간인 메타버스(Metavers)의 세계에서는 한국은 이미 초강대국이다. 그래서 보수적으로 진단하더라도 향후 10년 내에 5위 진입이 가능하다는 것이 전문가들의 진단이다.

아직도 우편이나 팩스 머신으로 사무 처리를 하고 있는 일본 정부를 비판하는 일본 경제학자의 정초 쓴소리가 바로 한일 간의 현주소이다. 2015년에 벌써 한일 간 국민 1인당 구매력은 한국이 앞서고 있으며, 국가총생산(GDP) 역전도 시간 문제라는 것이다. 공무원의 무사안일과 끼리끼리의 극우 정치가 가져다준 폐해가 그대로 기업과 국민들을 무기력에 빠지게 했다는 진단이다.

그런데 만약 남북한이 '경제 공동체'까지 이루게 된다면, 생각만으로도 벅차다. 이게 바로 '무궁화꽃이 피었습니다'요, '대한민국 만세'인 것이다.

# '엄마가 좋아, 아빠가 좋아?'

### (20대 대선 2주 전야)

　'사고일상(事故日常)'이라는 말이 있다. 날마다 좋지 않은 일이 생긴다는 말이다. 작은 식당 2개를 운영하는 필자는 양쪽 종업원을 모두 합해 봐야 15명 정도다. 아주 가까운 지인들마저 태연자약한 나를 아무 일이 없는 줄로만 안다. 마치 호수 위의 백조처럼 말이다. 하지만 잔잔한 호수와는 달리 물밑은 생각보다도 더 어지럽다. 단 하루도 편할 날이 없다고 봐야 맞다. 내가 문제인지, 그들이 문제인지, 미국이 문제인지, 어떨 땐 세상이 문제인지 잘 모르겠다. 이제는 그러려니 만성이 되어 버렸다. 문제로 보면 문제이고 지나가면 아무것도 아니다. 그래도 또 내일의 태양은 뜬다. '누구라도 그러하듯이.'

　거실에서 5세 아이와 놀던 중 아빠가 아이에게
　'엄마와 아빠 중에서 누가 더 좋아?' 하고 물으니 '아빠.' 하고 아이가 대답한다.
　가만히 듣고 있던 주방의 엄마가 '너 이리와 봐, 엄마와 아빠 중에서 누가 더 좋아?'라고 한다.
　그럼 아이가 다시 대답한다. '엄마.' 그럼 엄마가 다시 묻는다. '엄마가 얼마나 더 좋아?' '……….' 아이는 대답하지 못한다. 우리가 흔하게 접할 수 있는 생활 속의 일단이다. 교육학에서는 아동에게 이런 갈등 유발적 질문을 가급적 피하라고 학습한다. 그 짧은 순간이지만 아이에게 곤란한 선택을 강요받는 스트레스가 주입되고 성격 형성에 장애를 줄 수 있다는 것이다. 이런 게 꼭 어린아이들에게만 있을까.

일도양단(一刀兩斷)의 사회, 한칼에 두 동강 내 버린다는 뜻이자 어떤 숙고 없이 신속하게 처리하는 것을 말할 때 쓴다. 화끈하고 좋다. 그런데 이런 사회는 필연적으로 불안정해진다. '합의(合意)'라는 의사 결정 과정이 생략되기 쉽다. 이걸 학습해 가는 것이 민주주의다. 그런데 말처럼 쉽지가 않아서 곳곳에서 탈이 나고 불협화음이 터지고 갈등이 생긴다. 흔하게 회자되는 집단의 '줄 세우기, 편가르기, 흑백논리' 등 역기능이 등장한다. 그래서 행정학이나 조직 학문에서는 일찍부터 '갈등관리(葛藤管理)'에 대한 연구를 더욱 확대 지속해 왔다. 이게 지금은 '소통(疏通)'이라는 것으로 일반화되어 조직 문화로 정착되고 있는 중이라고 생각한다.

크고 작은 단체와 조직은 새해가 시작되거나 그 리더가 바뀔 때마다 발전을 위한 개혁 또는 혁신이라는 아젠다를 안고 출발한다. 옳고 맞고 좋은 말이다. 국가 사회도 그렇다. 그래서 항상 변화를 꾀한다.

나는 고국의 선거철만 되면 남북한 통틀어 한 사람의 대통령을 뽑고, 남북한 구석구석에서 총선이 이루어지는 걸 상상해 본다. 조그만 남한 땅 안에서도 선거 때면 서로 갈라져서 세상인지 만상인지 모를 지경인데 거기다가 북한까지 합해 놓으면 상상 불가라고 할지도 모르겠다.

그런데 만약 그런 날이 오기만 한다면 선거는 훨씬 더 단순해질 것이다. 정치는 오로지 국민들만을 위한 아젠다와 이슈로 넘쳐 날 것이라고 확신한다. 그날이 오면 99.9% 투표율에 100% 찬성률을 자랑(?)하는 북한의 유명무실한 투표 행태도 아닌, 기권 40%에 이르는 냉소적인 남한의 '비동의(非同意) 선거 문화'도 아닌, 선거는 참으로 민주주의의 꽃과 축제의 장이 될 것이라는 생각에서다.

내 편이 조금 더 많다고 우쭐대고, 무시하고, 이전에 서로 알고 지내던 사람들이 마주 앉아 밥 먹는 것조차 꺼리게 되는 제도라면 이것은 과연 무엇을, 그리고 누구를 위하자는 제도일까. 이번 20대 대선을 열흘 앞두고 회자되고 있는 수많은 갈등의 분모에는 '남북 분단'이라는 구조적인 문제에 기인하는 바가 많기 때문에 이런 본질적인 요소를 걷어내 버리고 나면 '국민의 생활' 이외에는 나머지 외교, 국방 등 이슈의 차이는 아주 미미해져 버릴 것이기 때문이다.

이 글을 쓰는 동안에 국제사회는 우크라이나 전쟁을 놓고 '미국 편에 설 것인가, 러시아 편에 설 것인가, 아니면 비동의 전선에 머물 것인가?'를 고민하고 있다.

5살 어린아이에게 던져졌던 고민과 선택이 그대로 국가를 넘어 국제사회에까지 그대로 투영되고 있는 현실이 놀랍다. 이제서야 그동안 무심했든지 몰랐든지 간에 우리 주변에도 '비동의의 세계(타인의 행위를 승인도 시인도 않는)', 즉 편 가르는 거 싫고, 줄서기도 싫은 그런 상황이 상당히 넓고도 깊다는 걸 비로소 인정할 것이라고 생각한다. 다시 말하면 NATO나 미국의 또는 러시아의 행위를 승인하기도 시인하기도 곤란한 것이 딱 한국의 입장인 것이다. '영리하게 잘해야 한다'는 것이 세계 한인 동포들의 바람이자 주문이다.

톨스토이의 명작 〈전쟁과 평화〉, 영화 속에 비춰진 모습은 전쟁의 포화 속에서도 화려한 저택에서 연일 화려한 연회는 열리고 '나타샤 왈츠' 가 밤을 새워 흐른다. 전쟁의 포화 속에서도 꽃은 피고 새가 날며, 구름은 흘러간다. 날아오는 미사일 포탄 앞에서 비둘기 날리는 평화의 외침이 얼마나 여리고 왜소한가, 또한 만시지탄이며 절망적인가. 전쟁을 하지 않고 이기는 방법이 최선이라고 하는 손자병법은 이미 고전이다. '전쟁을 하지 않는 상태를 만드는 것', 이것이야말로 절묘한 '비동의(非同意)' 지점일 수도 있는 것이다.

가장 좋은 것은 이런 갈등, 즉 전쟁 자체를 만들지 않는 것이다. '나는 엄마도 싫고, 아빠도 싫다.' 허구한 날 다툼으로 해가 뜨고 걱정으로 해가 지는 세상은 어쩌면 사람 사는 세상은 이미 아니다. 무탈한 날도 있고, 신나는 날도 있어야 당연한 것이 아닌가.

그래서 말인데요, '엄마도 좋고 아빠도 좋으면 좀 안 되나요?' 평화를 빕니다.

2022. 2. 26.

위 본문이 실린 워싱턴 한국일보 신문 원본을 사진으로 찍은 것입니다. 본서에 실린 글의 90%는
워싱턴 한국일보에 실렸던 내용입니다

107

# A bird in the hand is worth two in a bush
## (숲속의 두 마리보다 손안의 한 마리가 더 낫다)

살다 보니 제가 여기에 여러분과 함께 있습니다.

45년 전 대학 2학년(1978)에는 제가 이곳에 있을 것이라고는 상상조차 못 했습니다. 그것은 여러분들도 마찬가지일 것입니다. 멀리 보이는 무지개는 참 아름답습니다. 그러나 항상 있는 것이 아니요, 손에 잡히지 않는다는 사실을 알게 되면서부터 세상과 현실을 비로소 알게 됩니다. 서로 가까이 있을 때 잘해야 한다는 걸 알려 줍니다.

저는 엊그제 15분 강의(?)를 위해 여러 권의 책을 살펴봤지만 오히려 혼동만 되었습니다. 부끄러움도 없이 '도산을 닮아 가려고 노력하는 사람'으로 저를 소개하는 짧은 시간을 가졌습니다. 그리고 성경 말씀의 백미는 '사랑'이요, 도산 철학의 백미는 '무실'이라고 말씀드렸습니다. '참되기를 힘쓰자.' 이 말의 의미는 일상에 수많은 곳에 두루 적용된다 생각합니다.

커뮤니케이션 이론에 의하면 사람이 주의를 기울여서 가장 효율적으로 통제할 수 있는 인원이 4~5명이라 한다.

그 이상 넘어가면 잘 통제가 안 된다.

저 원리에 따라 군대도 편제를 하는데 현재 대한민국 육군의 편제를 보면 가장 말단 편제인 '분대'는 최대 10~11명이다. 그럼 왜 4명이 넘지? 분대장이 있으면 반대쪽에 부분대장이 있다. 10명을 분대장, 부분대장 두 사람이 나누면 각 5명씩이 된다.

그래서 기본 전투 지휘 체계가
분대가 4개 모이면 소대고,
소대가 4개면 중대고,
중대가 4개면 대대를 이룬다.
또 대대가 4개면 연대고,
연대가 4개면 사단이 되고,
사단이 세 개나 네 개면 군단이 된다. 물론 기계화 부대의 발전과 기능, 본부 요원 등의 운용에 따라 약간씩의 편제 운용이 각급 부대마다 변용되기도 한다.

그러므로 부대의 규모나 크기와 상관없이 지휘관(리더) 1명의 '면 대면' 인원의 숫자가 5명을 넘지 않는다. 분대장도 4명, 군단장도 4명이다. 협의회장과 분과위원장도 마찬가지임을 알 수가 있다.

분과위원회의 활성화와 효율적 활동, 소통 등이 꾸준히 강조되는 이유이기도 합니다.

공부 잘하는 학생, 돈 잘 버는 사업가, 골프 잘 치는 골퍼의 공통점은 '무실'에 포커스가 정확하게 맞추어져 있다는 것이 제 지론입니다. 지금

자기 책상 앞에 펼쳐져 있는 책에 집중하고, 내 사업장의 가장 최근에 입사한 신입 사원을 관찰하고, 현재 눈앞에 있는 볼을 잘 치는 데 집중하는 것이 그것이다. 그것이 곧 '무실'이다.

그 반대로 하는 경우가 허다하다. 그래서인지 아주 소수만 공부, 돈, 골프를 잘한다. 뭘 꼭 잘하는 것이 가치 있다는 의미는 아니다. 내 비즈니스에 집중할 시간에 옆집 기웃하고, 내 공부할 시간에 옆 사람 공부하는 데 더 관심을 기울이고, 집안 부부끼리 잘 살도록 노력할 그 시간에 옆집 부부 싸움하는데 끼어드는 일들이 종종 있는 것을 볼 수 있다. 무실 공부가 필요한 부분이다.

민주평통 워싱턴 협의회장의 포커스는 정확하게 협의회 자문 위원 한 분 한 분에게 정확하게 맞추어져 있어야 하고 그렇게 하려고 노력합니다. 이게 민주평통의 기초를 더 튼튼히 하고, 그 바탕에서 평화통일 운동을 흔들림 없이 지속할 수가 있는 것임을 잊지 않고 있습니다. 이게 본분이자 무실입니다.

필자는 그동안 수많은 교장선생님과 담임선생님을 만났다. 어떤 분들은 교장선생님만 기억나는지 모르겠지만 어쩌면 그것은 단순히 겉모습일 뿐이다. 기억에 남는 그 많은 교장선생님 훈화 말씀 중에 뚜렷이 남아 있는 게 없는 것을 보면 그렇다.

나의 인생에 정기와 정신을 주었던 많은 분들은 '담임선생님'들이셨다. '애기애타(愛己愛他)', '나를 먼저 사랑하고, 남도 사랑하자.' 아주 '가까이 있는 분'들과 잘 지내는 것이 '무실'이다.

그리고 협조, 협동하는 마음이 더해지면 전체 파이를 훨씬 크게 할 수 있다. 이런 게 모이고 쌓이면 상상을 초월하는 '민족적 역량'이 된다.

흥사단과 민주평통이 109년, 41년간 지속될 수 있었던 것은 드높은 이상도 물론 있겠지만 2대 의무(집회 참석, 의무금)와 정치 활동 금지 부분이라고 생각됩니다. 민주평통과 상통하는 부분이 큽니다.

설명을 못 드린 사진은 1978년 흥사단 입단식, 1983년 전국대학생 통일논문대회(국토통일원), 집 책장에 있는 도산 관련 책자입니다.

수상자 논문 발표회 시간입니다(1983년)

캘리포니아 리버사이드 시청 앞에 있는 도산 안창호 기념 동상 앞에서

# 창공은 낙원이란다

지금은 향토예비군법이 어떻게 바뀌었는지 잘 모른다.

기억을 더듬어 보면 군대 3년을 마치고 5년 정도 동원예비군 훈련을 매년 몇십 시간씩 받아야 했고, 그 소집 훈련을 마치고 나서도 예비 전력으로 거의 10년 정도 '소집 대기'를 해야 했다. 나이 40이 넘어야만 완전히 국방의 의무를 마치게 된다. 그 기간까지는 일단 '전쟁'이 나면 전쟁터에 나갈 준비를 하고 살았던 것이 필자 또래 한국 남자들의 태어난 조국을 위한 충정이었다. 그 어느 누구든 예외도 없었고, 그래서 특별한 불만을 가지지도 않았다.

유독 사회 지도층 중에 군 미필자들이 많다는 것은 한참 지나서야 알게 되었다. 그것과는 별개로 '사나이로 태어나서 할 일도 많다만 너와 나 나라 지키는 영광에 살았다'를 핏대 올려 가며 가슴속에 간직하고 살아왔다. 아마도 죽는 순간까지도 조국을 위하는 일전 불사의 태세를 지금도 간직하고 있을 것이다. 분단이 가져다준 비극임을 알면서도 부지 부식 간에 한국 남자들이 쇼비니스트(Chauvinist, 광신적 국수주의)가 된 배경이다.

남자들 모이면 군대 이야기, 축구 이야기뿐이고 이것이 '꼰대들의 아이콘'이라고 하니 이제는 하다가도 서로 눈짓으로 멈추어 버리지만 그래도 그만큼 할 얘기도 많고, 그게 눈치 봐 가면서 피할 이야기도 아니려니와 군대 3년의 가치와 희생은 지금 생각해도 고귀한 것이다.

논산훈련소 기초 훈련을 마치고 재경 부대 열차를 타고 용산역에 도착하니 얼굴 하얀 귀한 집(?) 자제들은 한두 명씩 호출해서 먼저 불려 나갔다. 국방부, 육본, 보안사, 헌병대 등 소위 특과(?)들이 내리고 나서 모두 눈만 말똥거리고 있으니 열차 밖에서 군복이 특이한 까만 베레모 쓴 군인들이 왔다 갔다 한다. 잔뜩 주눅 든 우리를 천장 가림막도 없는 군용 트럭에 태우더니 서울 시내 한복판을 질주한다. 달리는 트럭 위 군가 소리가 운전석에 안 들린다고 느닷없이 시내 한복판에 차를 세우더니 내리게 해서 오가는 시민들이 모두 보는 아스팔트에서 좌우로 굴리는 기합을 준다.

목이 터져라고 군가를 부르고 도착한 곳이 남한산성 기슭에 있는 '일기당천' 대한민국 최강 특수전 사령부(공수부대)였다.

하필이면 왜, 내가 이곳에 왔어야 했는가 생각할 겨를도 없이 옆구리를 차면 배로 막고 주먹이 날아오면 어금니를 꽉 물면서 버티라고 했다. 노벨 문학상의 작가 솔제니친의 《이반 데니소비치 수용소의 하루》 같은 생활이 눈앞에 펼쳐졌다. 그렇게 3년간 청춘을 저당 잡히고 몸뚱이 굴려 살아 나와야만 했다. 그게 효도라고 배웠다. 몸성히 제대하는 것이니 맞는 말이다.

2019년 가을에 중국에서 발생한 코로나가 아무리 국경을 막고 별짓을 다 해도 전 세계 구석구석에까지 퍼져 나가는 데는 6개월이 채 걸리지 않았다. 극단적 민족주의가 횡횡하는 현시점이지만 지구촌 어느 한 곳의 위험이 순식간에 전체의 위험이 되는 게 이제는 하나도 이상하지 않다.

우크라이나에서 발발한 전쟁이 언제 끝날지 모르는 가운데 전 세계 경제가 휘청거리고 있다. 징조(Symptom)가 심상치 않다. 지구의 지각에만 판이 있는 게 아니다. 지상의 국경 간, 대륙 간, 안보 동맹 간에도 엄존한 판이 있고, 판과 판이 부딪히는 곳에는 어김없이 지진과 전쟁이 난다.

동아시아에서 세계 1, 2위 강국인 미국과 중국이 전선을 이루고 있는 한반도—조어도(센카쿠 열도)—대만—남중국해(필리핀)를 잇는 지상의 판이 꿈틀거리고 있다. 미·영 패권, 미·러 패권, 미·일 패권의 시대에서 이제는 미·중 패권의 시대다.


그동안에는 그 어느 국가도 미국 국력의 40%를 넘지 못했다. 그런데 중국은 현재 미국의 70%다. 그런데도 중국은 1990년대 환율 하나로 일본이 처참해진 것을 보고 절대로 서두르지 않고 납작 엎드려 있다. 세계 10위 경제 대국, 6위 군사 대국의 한국은 '통일 한국'이라면 모를까 세계 1, 2, 3, 4위 국들에 싸여 있는 상황에서는 아직도 그 자체 위력이 주변에 비해 떨어지는 게 현실이다. 남북한 경제력 차이(60:1)도 이런 상황에서는 무의미하다. 이는 언제 터져도 이상하지 않을, 그러나 역설적이게도 그래서 더욱 안전할지도 모른다. 학자에 따라서는 향후 30년 내 미·중이 직접 충돌할 가능성은 적다고 한다. 그 사이에서 영리하게 생존해야 하는 이유다. 그 사이에 통일을 이루길 오늘도 소망한다. 그래서 홀로 마음이 급하다.

한국은 1990년 소련과 수교, 1992년 중국과 수교하여 북방외교와 눈부신 경제성장을 하는 동안 북미, 북일 수교는 이루어지지 않았다. 1993년 북한은 핵확산금지조약을 탈퇴한다. '북한 붕괴론'의 시작점과 일치하는 지점이다. 북한은 전혀 다른 방향으로 진행한다. 냉혹한 국제 현실 속에서 궁여지책이었다. 그게 지금까지 지속되고 있다.

평통 하기 전까지는 이를 깊이 있게 생각도 해 보지 않았다. 여전히 북한 붕괴론이나 흡수통일론은 낭설에 불과하다는 생각인데 그러면 도대체 '얼마나 국력의 차이가 생겨야 이런 게 가능할까?' 논술적 측면에서 한번 접근을 시도해 보려 하다가 그만두었다.

최근 우크라이나 전쟁이 당장 휴전을 하더라도 그 후유증은 이미 상상 이상이다. 이는 약소국을 놓고 '줄 세우기, 줄 서기, 편 가르기'가 낳은 비극이다. 상대적으로 강한 러시아와 NATO가 우크라이나를 서로 자기 줄에 세우려다가 이 지경이 되어 버렸다. 그런 흐름에 당당할 수 있는 자주 국가 건설은 해당 국민들의 로망이다. 그래서 조금 올드하지만 동서고금을 막론하고 '부국강병(富國强兵)'은 지도자들의 이데아였다.

아시겠지만 태권도 배워서 사람(약자) 두들겨 패라고는 절대 가르치지 않는다. 하지만 현실은 이런 게 모두 넛두리로 치부되어 버린다. 생전에 꿈꾸어 벗어날 줄만 알았던 '야만의 시대'를 향해 거꾸로 한 발짝 더 진입하는 듯하다. 강자들의 습관적, 즉흥적, 무의식적 반응은 여지없이 '평화'를 깨트러 버린다. 불쌍한 인류가 지금 고통에 몸부림치고 있다.

강자들에게 백년하청 너그러움을 구하느니 〈독사가〉라도 부르면 마음이 좀 진정될까.

검푸른 복장 삼킬 듯 사나워도 나는 언제나 독사 같은 사나이 막걸리 생각날 때 흙탕물을 마시고 사랑이 그리울 땐 일 만 이 만 헤아린다. 사나이 한목숨 창공에다 벗을 삼고 굳세게 살다가 깡다구로 죽으리라 아~아 창공은 나의 고향 창공은 낙원이란다.

# 꽃은 젖어도 향기는 젖지 않는다
### (20대 대통령 선거 후 첫 통일 이야기)

주향백리(酒香百里), 난향천리(蘭香千里), 인향만리(人香萬里)라는 말이 있다. 이를 풀어쓰면 오히려 그 격이 떨어지는 듯해서 조심스럽다.

술의 향기는 백 리에 이르고, 꽃의 향기는 천 리를 가르고, 사람의 향기는 만 리까지 풍긴다. 친구와 함께 버지니아에서 한잔하고 백 리 길 볼티모어에 가면 될 일이요, D.C에서 비행기에 난 화분을 하나 싣고 뉴욕에 내린다면 이 또한 틀린 말이 아니다. 인터넷 시대에 사는 우리들은 수만 리 타국도 지척일 수가 있으니 서로 오가는 SNS상의 글 하나로도 사람의 향기가 전해질 것이니 오늘날에 더 그럴싸하다고 그냥 끄덕이고 지나가자.

나는 천성이 그런지, 덜 깨어서 그런지, 철이 없어서 그런지 아직도 사회적으로는 게마인샤프트(공동사회, Gemeinschaft)적인 사고의 범주에 머물러 있을 때가 많다. 세상은 이미 온통 AI, 컴퓨터 등으로 저만치 앞서가고 있고, 혈연, 향수, 우정, 신앙, 민족 같은 개념들은 이미 급격히 퇴보, 소멸되어 가는데도 세상의 물정에 동화되고 싶지 않은 앙탈인 듯하다.

그나마 다행인 것은 공동사회 단위 중에서는 맨 상위 개념인 '민족(民

族)'에 대한 숙제와 숙명은 끝내 저버리면 안 된다는 것을 그게 비록 꿈일지라도 야무지게 하고 있다. 가냘프지만 이 시대를 살아가는 '애잔한 사명'쯤으로 생각한다. 그렇다고 해서 같은 민족국가인 북한에 조상이나 친척 등 연고가 있는 것은 더욱 아니다.

나는 학문하는 축에도 못 끼지만 학문의 궁극적 목적과 삶의 지향점은 '생명'에 대한 외경, 탐구와 애착이 아닌가 한다. 이는 시대를 막론하고 인간의 본질이라 할 것이다. 그 어느 누군들 살생을 즐기며 전쟁을 하고 싶겠는가만 인류는 날마다 전쟁을 하고 또 사람이 사람을 죽이고 있다. 그것도 생뚱맞게 전혀 먼 나라끼리도 아니요, 바로 가족 같은 이웃 나라끼리니 더욱 이해 난망이다. 지금 한창 사람을 서로 죽고 죽이고 있는 우크라이나와 러시아도 내가 볼 때는 인류 중에서는 가장 가까운 동족 간이다.

살인이나 전쟁의 원인은 제각각이다. 또 그 시작이 황당한 경우가 아주 많다. 살인과 달리 전쟁은 하루아침에 느닷없이 일어나지는 않는다. 많은 준비가 필요하고, 전쟁을 해야겠다는 결정을 하기까지는 지극히 평화로울 때 서로 오가거나 주고받는 '사소한 발언'들이 그 단초가 된다는 것은 주지의 사실이다. 그 '사소한 표현'들을 가지고 상대의 미래 행동을 예측하고 싸울 준비를 하는 것이다. 21세기 최고의 저널리스트로 불리는 말콤 글래드웰(Malcolm GLADWELL)이 쓴 최근의 베스트셀러《타인의 해석(Talking to strangers)》에는 정치 지도자들의 그저 '지나가는 말' 정도였던 이런 사례들을 치밀하게 파고들어서 독자들이 알아듣게 잘 해

설해 주고 있다. 왜 그 참혹한 1, 2차 세계대전 같은 대참변이 일어났어
야 했는지를….

어느 마을에 아내를 사랑하는 남편이 아내 생일 케이크를 사서 퇴근
하는 길에 교통사고를 당했다. 다행히 목숨은 건졌으나 한쪽 다리를 잃
고 집에 들어앉게 되자 아내는 그것이 자기 때문이었지만 무능하게 된
남편을 '절뚝이'라고 불렀다. 그러자 동네 사람들이 그녀를 '절뚝이 부인'
이라고 부르는 것이었다. 하는 수 없이 이사를 해야 했다. 새로운 곳에
가서는 아내가 남편을 '박사님'이라고 부르자 동네 분들도 그녀를 '박사
님 부인'이라고 불렀다.

배려는 한번 몸에 배게 해 놓으면 그렇게 어렵지 않다. 반면에 남을
깎아내리면 내가 올라갈 것이라는 생각은 착각이다. 도리어 그 피해가
나에게 더 크게 되돌아온다. 왜냐하면 듣고 있는 사람, 묵묵한 걸 '수긍
으로 착각'하고 또 다른 사람에게도 같은 실수를 계속 반복하기 때문이
다. 결국 이 말이 당사자에게까지 전달되게 되는 '네거티브 전달 체계'가
긍정적인 메신저보다 훨씬 강하다는 것은 입증된 지 오래다.

남북이 서로 좋게 지내자는 말에 대한 화답을 미사일로만 응대하는
것을 우리들 중에 모르는 사람은 거의 없다. 국력의 차이가 이제는 60:1
이다. 외형으로만 본다면 미식축구 선수와 초등학교 3학년만큼의 차이
다. 그런데 그 작은 사람이 총을 가지고 있다. 총을 좋게 내려놓자고 하
자 송곳과 칼을 마구 던진다. 그러니까 유엔 안보리는 2006년부터 그 집

에 담장을 만들기 시작하더니 칼을 던질 때마다 담장을 16번이나 더 높이 쳐 놓고 모든 외부를 차단하고 접근 금지시키고 있다. 그리고 칼, 송곳을 던질 때면 숱한 이야기들이 오간다.

다 좋은데 다음과 같은 뉘앙스의 말은 어떤 경우나 상황에서도 하지 말아야 한다. '언젠가 총만 빼앗으면 널 가만두지 않을 거야.' 왜 저 사람이 저렇게 되었는가를 원점부터 다시 알아보는 것도 기본이다. 지금 저 사람이 원하는 것이 무엇인가를 정확히 '경청'하는 것이 더 필요하다. 필요를 알면 대화가 보이기 때문이다.

해 볼 것 다 해 봐도 안 되는데 어쩌란 말이냐, 그것은 어디까지나 담장 밖에서 우리끼리의 이야기일 뿐이다. 그러니 송곳 날아오는 것이 무서워서가 아니라 강자의 너그러움이 평화를 담보해 준다. 그리고 끊임없이 '대화 상대'는 있어야 한다. 그래서 평화는 향기고, 통일도 향기이다. 개인 간에도 국가 간에도 더욱더 조심조심, 평소에도 고운 말 좋은 말을 쓰도록 해야 할 것인즉, '언어(言語)'는 말하는 것과 글 쓰는 것을 동시에 의미한다. 둘 다 말씀 언(言), 말씀 어(語)다. 똑같은 말과 글인데도 누가 하느냐에 따라 그 향기가 다르다.

우크라이나의 400만 피난민과 나라가 전체가 망해 가는 러시아의 현재는 피장파장 승자는 없고 뼈저린 상처뿐이다. 그래서 러시아 푸틴이나 우크라이나의 젤렌스키에게 지금 당장이라도 다시 전쟁 이전으로 되돌아갈 생각이 있느냐고 물어본다면, 인향만리(人香萬里)의 세상이 얼마나 그립고 통회(痛悔)스럽겠는가! 그럴 줄 알고 향기 없는 그대들이 어쩌면 즐겨 읊었을 러시아 최고의 시인 푸시킨의 시를 두 사람에게 들려주고자 한다.

'세상이 그대를 속일지라도 슬퍼하거나 노하지 말라'

2022. 3. 24.

신문 원본을 간사가 전자신문에서 캡처해서 보내 주는 수고를 하셨습니다

본문에서 언급한 말콤 글래드웰의 저서

# 고장 난 벽시계

고장 난 벽시계는 멈추었는데 저 세월은 고장도 없네.

2002년 이민을 떠나와서 한창 정신이 없을 2005년에 본국에서는 가수 나훈아가 이 노래를 불러서 히트했다고 한다. 이 트로트 가요가 내 귀에 들려온 것은 그 후로도 한참이나 흘러 흘러 15년이 지난 후인 2018년 새로 입주한 집 지하실에 노래방 기계를 들여놓은 다음이었다. 이민 초기에 직업상 미국인들의 지하실을 수도 없이 들락거려 봐서 그 지하실을 어떤 용도로 활용하는지 잘 알고 있었지만 같은 미국에 사는 한국 동포들은 거의 천편일률적이다.

맞다. 노래방이 있다. 지하실이 넓으면 와인 바나 운동시설 등도 있지만 노래방은 꼭 있어야 하는 것처럼 노래방 시설들을 갖추었다. 나도 그랬다. 그날 업소용 노래방 기계를 들여놓고 설치한 다음에 중년 인기 가요 목록에 저 노래 〈고장 난 벽시계〉가 있어서 연습해 봤더니 옆에서 듣고 있던 와이프가 '이거 딱 당신 노래네~' 한다.

학교 음악과 대중가요를 구태여 구분한다는 것 자체가 어불성설이겠지만 대학에 입학하자 이상한 분위기를 느끼게 했다. 비록 그 누구도 똑

부러지게 지적하는 사람은 없었지만 캠퍼스 잔디밭에 아무렇게나 둘러 앉아서 막걸리 몇 병에 조용필의 〈돌아와요 부산항에〉, 송창식의 〈고래 사냥〉을 부르고 있으면 저만치서부터 쭈뼛거리듯 외면하는 여학생들을 보면서 '자~ 떠나자 고래잡으로~~'를 더 핏대 올리면서 불렀다. 그리고 그다음 날은 스스로 못 할 짓한 것처럼 수그렸다.

대신에 〈선구자〉, 〈비목〉 등을 비장하고 근엄하게 불러야 루저를 피할 수 있다는 '선민의식' 같은 게 있었던 듯 하다. 그리고 일반 대중가요 '뽕짝' 퉁 노래는 스스로 날라리 딴따라 취급을 했다. 그러나 40년이 지난 요즈음은 오히려 많이 달라졌다. 그게 꼭 나이 탓만은 아닌 것 같다.

평소에는 무심한 물건이 벽시계다. 나는 아직도 시간을 체크할 일이 있으면 벽시계가 전화보다 더 익숙하다. 여러분도 그러는지는 모르겠다. 눈뜨면 방 안의 벽시계를 먼저 본다. 집 안의 코너 코너를 돌 때도 마찬가지다. 몇 개는 안 되지만 그중에 어느 시계 하나가 멈춰 있으면 아마도 그날은 골프가 잘 안 될 것처럼 예민해진다.

우리 동네 춘동 댁은 부자였다. 어느 날 며느리가 들일 나가면서 시어머니에게 '어머님 시계 밥 좀 주세요.' 하고서 들일을 보고 돌아와서 보니 시계 벽면 앞에 제사상 차리듯이 밥상이 놓여 있더라는 말을 우물가에서 했던지 어린 내 귀에까지 들려왔나 보더라. 그 당시 시계들은 사람이 직접 이틀에 한 번씩 태엽을 감아 줘야 시계가 그 태엽을 서서히 풀어 가면서 시간을 맞추는 타입이었다. 시계 안을 열어 보면 수많은 톱니바퀴가 맞물려 돌아가는 식이다. 손목시계도 마찬가지다.

그런데 미국 생활은 1년에 두 번씩 봄가을에 시간을 바꿔 줘야 하는 일이 생긴다. 집 안의 방방곡곡의 시계를 모두 1시간씩 바꾸는 일도 이제는 귀찮아질 나이인가 보다.

시계는 높은 곳에 있어야 한다고 누가 강제하지도 않았는데도 오늘따라 유난히 더 높다. 평소 같으면 그러려니 하고 의자 놓고 올라가서 고쳐 놓겠지만 한쪽 팔이 불편해서 그런지, 왜 저렇게 높은 곳에 매달아 놨지? 그 몇 피트만 벽시계 못을 내리박았으면 될 걸 그 차이를 모르고 1년이면 2번 4년이면 8번을 의자를 이리저리 바닥 긁히도록 끌고 다니면서 오르락내리락하고 있었다. 이대로라면 이사할 때까지 몇십 번을 더 그러고 있을 터이다.

생각의 간극들이 별 게 아니라고, 그게 그것이고, 차이가 있다면 얼마나 된다고 저토록 치열할까 했는데…, 그렇지 않구나! 새삼 절절히 느낀다. 누구에게는 일상적인 일도 어떤 사람에게는 깜깜이다. 깜깜할 정도가 아니라 지구와 화성처럼 멀다. 그래서 서로를 '화성인'이라고 손가락질까지 한다.

통일이면 다 같은 통일인데도 파고들어 갈수록 틀리다. 남한이 생각하는 통일, 북한이 부르는 통일, 남한 내에서도 또 다르다. 그래서 남의 나라, 다른 민족의 통일 사례를 들여다 대입도 시켜 본다. 헌법 전문에까지 적시해서 대통령에 취임하면 손을 들어 '조국의 평화적 통일'을 선서까지 하도록 되어 있는데도 도대체 언제까지 '고장 난 벽시계처럼' 아득하게만 보일까.

'통일 독일, 그 후 30년'이라는 논문을 본 적이 있다. 그 세세한 숫자보다는 재정, 실업, 출생률, 열등감, 오만, 동독 출신 고위직 1.7%/200명 고위직 중, 동독 출신 대학 총장 '0'명, 오로지 메르켈 수상은 구동독 출신으로 세계적인 지도자로 추앙받지만 실상은 이렇다.

너무 큰 것만을 바라보다가 이산가족 상봉이나 기존의 개성 공단을 꾸준히 복원한다 해도 거의 15년을 허송해 버렸다.

그래서 통일(統一)만 고집할 게 아니라 차라리 통일(通一)이라도 하자는 의견이 설득력이 높다. 그게 더 현실적이요 실현 가능할 듯하여 무슨 틈이라도 만들어 보고자 이렇게 애쓰고 싶다.

남북한의 고장 난 벽시계를 멈춘 것도 그렇고 돌아가게 하는 것도 '정치인'들이다. 정치만 할 게 아니라 '민족적 리더'가 좀 나왔으면 한다.

통일의 시계를 멈추게 해서는 안 된다. 민족의 이름으로….

# 손흥민

지금부터 1년여 전, 팬데믹이 한참 기승을 부리고 있던 2020년 12월 17일 스위스 취리히에서 열린 FIFA(국제축구연맹)의 2020 푸스카스상 시상식에서는 한국 손흥민 선수가 2020년 12월 8일 영국 프리미어리그 대 번리전에서 만든 '70m 폭풍 드리블'로 만든 골을 '올해의 가장 멋진 골'로 선정했다. 누구의 도움도 없이 70여 미터를 상대 수비수 7명을 제치고 골인시킨 장면은 보고 다시 또 봐도 경이로웠다.

그리고 1년여가 지난 현재(4/22/2022) 그는 소속 팀 토트넘을 리그 4위로 끌어올리며 개인 득점 리그 2위(17골), 도움 공동 9위(6도움)에 올라와 있다. 축구 종주국이자 축구가 생활인 영국의 TV 중계방송에서는 'Son'과 함께 'South Korean'이 계속 흘러나온다.

축구는 가장 세계적인 스포츠이다. 축구에 약간만 관심이 있는 사람이라면 손흥민의 이 기록이 얼마나 대단한 일인가는 설명이 오히려 구차할 정도다. 한국은 물론 아시아에서도 전무후무할 것이다. 또한 그는 올 11월에 2022 카타르 월드컵 아시아 지역 최종 예선전에서 한국 팀 주장을 맡아서 한국이 10연속 월드컵 본선에 진출시키는 데 결정적 수훈을 세웠다.

'잘하는 것'을 칭찬하는 것은 누구나 한다. 조금 못하더라도 칭찬을 해서 더 잘하게 만드는 것이 이 세상 선생님과 원로의 역할이다. 또한 이는 가정의 부모와 스포츠의 감독, 기업의 관리자, 국가 지도자들의 덕목이자 소명이다.

다시 손흥민의 기록을 좀 더 자세히 살펴보자. 알다시피 축구는 11명이 함께하는 단체경기이다. 결과물은 골(Goal)이다. 그래서 축구에서의 골은 축구의 꽃이자 축구의 전부다. 그 한 골을 성공하기 위해서 선수 11명은 물론 감독, 코치, 스태프는 물론 축구 팬들까지 모두가 '애틋함과 간절함'으로 한 몸 한뜻이 되어도 쉽지 않다.

인구 15억의 중국도 축구의 인기가 가장 높다. 그 중국인 중에서 현재 손흥민이 활약하는 영국 프리미어리그에는 단 한 명의 선수도 없다. 스페인 리그에 뛰는 선수가 어쩌다 한 골이라도 기록할 때면 온 중국이 들썩인다.

그런 세계적인 톱 클래스 선수들 사이에서 현재까지 세우고 있는 손흥민의 기록 중에서 필자가 오늘 특별히 주목하는 점은 도움(Assist) 기록이다. '어시스트'는 몇 가지 규정이 있으나 대체로 '득점자에게 마지막으로 준 패스'라고 생각하면 된다. 즉 골을 넣도록 도와주는 패스인 것이다. 이는 골과 함께 '공격 포인트'로 인정되어 골과 동일한 인정을 받도록 되어 있다. 한 골을 넣기 위한 과정은 천차만별이다. 또한 골을 많이 넣을 수 있는 포지션도 그렇게 많지 않다. 수비수보다는 공격수에게 더 많은 기회가 있다. 그러나 손흥민처럼 공격수 중에서는 도움 기록 상위 선수는 아주 드물다.

손흥민은 축구의 변방에 속하는 아시안이다. 동료 선수들과 언어와 문화 신체적 동질성이 매우 낮다. 사방팔방에서 도움을 받지 않으면 안 되는 조건이다. 세상에 공짜가 어디에 있나? 도움을 보다 많이 줘야 나에게도 기회가 생긴다. 대개의 경우 최종 공격수들은 골을 넣는 역할이지만 손흥민의 경우에는 자기가 결정적으로 넣을 수 있는 기회마저 동료에게 양보하고 도와주고 있다는 반증이다. 심지어 자신이 만든 페널티킥 도움까지 동료들에게 준다. 페널티킥 골이 하나도 없다는 것을 보면 알 수 있는 것이다.

그는 일찍이 독일 분데스리가에서도 도움 역할을 많이 해서 착실하게 공격 포인트를 올리며 동료들로부터 부채 의식을 먼저 느끼게 하는 생존 전략을 키워 왔다. 그의 오늘에는 이런 '양보와 배려'가 그 바탕에 있는 것이다. 만약에 손흥민이 욕심 사납게 오로지 자신만을 위한 플레이를 했었다고 치자. 오늘의 그는 진작에 없다.

단체생활을 가만히 보면, '이것을 내가 했다.' '나 아니면 안 된다.'라는 걸 보여 주기 위해서 애쓰는 경우들을 종종 보게 된다. 물론 그런 적극성이 요구되는 게 리더의 본질이기는 하다. 서로 자기가 먼저 골 넣겠다고 하다가 상대방에게 어부지리를 헌납해서 순식간에 자기편을 위기에 빠뜨리는 경우도 실제 경기에서는 의외로 많다.

이걸 '내가 했다.'보다는 '우리가 했다.' 하면 같은 결과라도 차원이 전혀 달라진다. 한발 더 나아가서 '당신이 최고다.'로 서로 높여 준다면 희망 없는 잿빛 세상이라도 서광과 미래가 있는 것이다. 고착화된 일상에서 바꾸기 어려운 일이겠지만 그런 게 조직의 희망이요 비전인 것이다.

그런데 서로 '내가 했다.'를 가지고 싸울 정도로 했으면 하는 것이 딱 하나 생각나는 게 있긴 있다. '내가 한다, 내가 하겠다, 내가 아니면 안 된다.' 하면서 날이 밝고 해가 졌으면 하는 것은, 바로 '남과 북의 한민족이 싸우지 말고 평화롭게 지냈으면 하는 일이다.' 민족의 더 큰 미래와 번영을 위해서 단계적, 부분적으로 통합의 시너지를 만들어 나가는 일에 제발 서로 '내가, 나부터 그 일을 먼저 하겠다.' 하면 좋겠다.

학생들도, 학자들도, 기업인들도, 정치인들도, 해외 동포들도 이 세상 살아가는 한민족 모두가 서로 무슨 양보도 하지 말고 서로 앞다투어 '그 대업'을 향해 맹진하는 분들이 있다면 그가 어떤 위치에서 무슨 일을 하든지 간에 존경받아 마땅할 것이다.

남북한과 전 한민족은 서로 양보할 것과 자신 스스로 마무리까지 하는 것을 '손흥민 선수'에게서 보자. 부산에서 신의주까지, 목포에서 나진까지 시원하게 한반도를 드리블로 가로질러 '한반도 통일'을 골인시킬 자,

그가 바로 이 시대 '민족의 영웅'이다.

2022. 5. 2.

# 2022 세계 여성 콘퍼런스 행사 후기

원래는 세계 여콘에 협의회장이 참가해야 하는 일은 아니었습니다. 또한 알다시피 몸이 온전하지 못해서 원행이 망설여지는 행사였습니다. 다만 분기마다 열리게 되어 있는 미주지역회의(협의회장 회의)를 동 장소에서 하겠다는 통보를 받고 가기로 하였습니다.

저는 외부 행사에 가면 지키는 것이 몇 가지 있습니다.

1. 제 자신으로 인해서 제가 몸담고 있는 소속 기관에 누가 되는 말이나 행동을 각별히 조심한다.

2. 소속 기관의 좋은 소식은 기회가 주어지면 하고, 미리 나서지 않는다.

3. 동행인들을 여기서보다 더 각근히 배려한다. 관계가 더 개선되어 돌아온다.

이번에도 더 많이 보고 배워 오자고 약속했고, 위 내용은 제 마음속으로만 하는 생각이었는데도 같이 가신 저희 위원 7분께서 아주 모범적으로 잘 행동하셔서 타 지역 위원들로부터 아주 극찬을 받았습니다.

특히 더 뽐낼 수 있는 자리임에도 절제력을 보여 주어서 저도 협의회장님들로부터 많은 격려를 받고 왔습니다.

먼저 행사에 다녀오신 분들께 부탁드립니다. 물론 자비 부담이지만 워싱턴 협의회의 40여 여성 자문 위원들을 대표해서 다녀오셨기 때문에 남아서 응원해 주신 여러분께 감사함을 전해 주시면 좋겠습니다. 그리고 이다음 기회에는 경험 있는 리더 한 분 정도 외에는 참여를 못 하셨던 분들이 우선 참여하실 수 있도록 하십시오. (이에 대한 건의는 이미 사무처에 전달하였습니다.)

많은 경비가 들어가는 큰 행사였습니다. 보고 배운 점들을 현장에서 적용하는 것이 보람이고, 낭비를 줄이는 일입니다. 이제 곧 있을 워싱턴 협의회 주관 '골든벨 미주 본선 행사'에 아이디어와 솔선수범을 당부드립니다.

자문 위원 여러분,

협의회의 주인은 자문 위원님 한 분 한 분입니다. 회장은 여건상, 형식상 대표하고 있을 뿐이지 크게 다를 바 없다는 생각입니다. 무사하게 제자리로 되돌아와서 여러분께 이렇게 보고드린 걸 다행으로 생각합니다. 그동안 개인적인 건강사정으로 외부 활동이 다소 미진했습니다.

새로운 정부가 출범하고 의장님이 취임을 합니다. 상당한 기대와 선거 기간에 오갔던 발언들에 대해서도 다양한 의견들이 있었습니다. 다만 헌법에 명시된 대로의 민주평통 정체성을 유지하는 데 대한 기대와 희망을 나누고 왔습니다.

그리고 보궐 인원에 대한 충원도 6월 지방선거 뒤에 시행하겠다는 통보를 받았습니다.

한국에서 있을 예정인 미주지역회의 한국 개최(9/5~9/8)는 80% 시행하는 것으로 알고 돌아왔습니다. 늦어도 5월 중에는 통보되지 않겠나 생각합니다. 준비 중인 자문 위원님께서는 염두에 두시길 바랍니다.

더 상세한 내용은 대면 시간이 되면 말씀드리겠습니다.

아무쪼록 항상 응원해 주심에 감사드립니다.

2022. 5. 4.

2022년 5월, 텍사스 달라스 세계 여성 콘퍼런스

# 미래와 운명의 불확실성 앞에 겸손하라

### (신임 의장 취임 이후 나누는 통일 이야기)

잘 알다시피 갈등(葛藤: Conflict)은 칡 나무 갈(葛), 등나무 등(藤)이 얽혀서 만들어진 단어이다. 칡은 왼쪽으로 돌며 올라가고, 등나무는 반대로 돌아 감으면서 올라가는데 두 나무가 같은 곳에 있으면 서로 휘감으면서 강하게 얽혀 버리게 된다는 뜻이다. 어느 조직, 사회에서나 있는 현상이요, 각 개인의 내면세계에도 존재하는 것이니 도저히 보기 흉해서 풀어야 할 정도가 아니면 서두를 필요가 없다는 것이 일반적인 의견이다. 갈등이 말끔히 정리된다는 것은 언어의 유희에 불과할 수가 있다. 따라서 '갈등관리', 즉 갈등은 다스리라고 했다. 남과 북도 그렇다.

교류 구조 분석의 창시자 에릭 번 박사는 1950년대 자아의 상태(ID)를 부모의 마음(Farents), 어른의 마음(Adults), 어린이의 마음(Childs)으로 구분하였다. 사람마다 이 세 가지 요소를 동시에 모두 가지고 있는데, 가장 먼저 반응하는 것이 '어린이 마음'이다.

'덮어놓고 행동한다.', '울어 버린다.' 이게 어린이 마음이다. 대체로 '배가 고프다, 화가 난다, 덥다, 꾸중한다, 뭘 하지 말라'고 한다. 이럴 때, 상대방의 반응은 필요 없다. 집단에 어떤 상황이 발생했을 때 가장 먼저 혼하게 나타나는 1차 반응들이다. 그런 반응을 대하는 상대에 따라서 갈등이 촉발된다. 시도 때도 없이 먹을 것으로 달랠 것인가, 교육할 것인가, 같이 학습할 것인가, 같이 화를 내어 되받아쳐 버릴 것인가, 이럴 때 똑같이 '어린이 마음'으로 똑같이 상대하게 되면 해결 난망이다. 국제 관계도 그런 면이 의외로 많다. 남과 북도 그렇다.

정도의 차이는 있지만 어린이 마음은 대체로 부정적인 언행이 주종이다. 또한 희비, 호불호가 확실하다. 세상이 온통 자기중심이 되어야 하는데 그게 아니다. 자기 뜻대로 되는 게 하나도 없다. 금방 좋았다가도 돌아서면 토라져 있다. 물론 토라졌지만 언제 그랬었냐는 듯이 돌아앉는다. 사람들에게 묻는다. '온종일 아이 돌볼래, 일할래?' 차라리 일하겠다고 한다.

'어른의 마음'은 좀 다르다. 아니 좀 달라야 한다. 자본주의의 치명적 오류가 전 세계적으로 나타나서 국가마다 조금씩 차이는 있지만 사회적 불평등의 심화, 인문학의 실종으로 '어른다움'은 시간이 흐를수록 급속하게 사라져가고 있다.

이제 돈이 없는 어른의 마음은 비웃음거리다. 불과 50년 전까지만 해도 세상의 중심이 되는 공통 가치는 '생명 존중, 평화, 정의, 인류애, 공동번영' 등 이런 것이었다. 이제는 돈과 경제 앞에서 거의 자취를 감춰 버리고 있다. 하물며 여기에다 '부모의 마음'까지를 기대한다는 건 난센스요 구석기시대 취급받는다. 이제 그런 자애, 희생, 사랑의 가치는 종교 영역에서마저도 공허한 느낌이다.

근자에 들어서 거대 국가들의 움직임들이 심상치 않다. 세계를 움직이는 초대형 국가들도 생존을 위한 움직임들이 예사롭지 않다. 하물며 약소국가들의 '국가 운명'이라는 게 너무 쉽고 허무하게 순간적으로 결정되어 버린다. 속수무책이라고 할 수밖에 없다. '기축통화국들'조차 안심할 수 없는 지경이다. 기존에 '국력'이라는 개념에 포함되었던, 영토, 인구, 군사력 등이 모두 경제력, 그것도 개념조차 애매모호한 기축통화에 의해 철저하게 예속되어 버렸다.

아놀드 토인비는 '역사는 반복된다.'라고 했다. 《역사의 연구》에서 그는 26개 문명의 등장과 쇠퇴를 연구한 뒤, '문명은 엘리트 지도자로 이루어진 창조적 소수의 지도 아래 도전에 성공적으로 대응'함으로써 등장한다고 결론지었다. 또 그 지도자들이 '창조적으로 대응'하기를 멈추었을 때 쇠퇴하며 민족주의, 군국주의, 전제적(專制的) 소수의 독재정치 등에 의해 몰락한다고 하였다. 수긍이 간다.

그런데 카알 막스가 '역사는 경제력에 의해서 지배될 것'이라는 견해에 반해서 토인비는 '정신적인 힘에 의해서 형성될 것'이라는 다소 막연한 신앙적인 입장을 견지했다. 이런 비현실적인 결론 부분에 대해서 격한 회의감이 생기지 않을 수가 없다. 현실 세계는 대안 제시에서 비록 실패한 이론이지만 누가 보더라도 막스의 역사관이 훨씬 현실적이요, 통찰력을 가졌다고 볼 수 있다.

현실로 되돌아와서 위 토인비 교수의 견해를 되짚어 보자. 너무나 허술하기 짝이 없다. 국제법의 한계를 비웃기라도 하듯이 경제로 옥박지르고 부딪치고 깨지고 수많은 국민들이 지도자 몇 사람들에 의해서 생사의 갈림길을 헤매는 게 현실이다. 한 국가의 리더십을 보자면 '도덕과 정신의 자리를 이제는 거의 '법(法)'이 차지하고 있다. 법은 최후의 수단이어야 한다.'라고 배웠지만 무기로 바뀐 지도 벌써이다. 국제사회라고 특별하지 않다. 그 법을 지배하는 것이 경제가 되어 버린 마당에 '어린이 마음', '어른 마음'이 어디에 있겠나.

국제사회에서 우호적인 국가들을 많이 갖는 것 못지않게 치명적인 적(敵)을 만들지 말아야 한다. 강자도 한풀만 벗기면 여지없이 약자가 된다는 걸 러시아가 보여 주고 있지만 그 어느 국가도 예외가 없어 보인다. 미래와 운명의 불확실성 앞에 겸손하게 예의 주시해야 한다.

고 노무현 전 대통령이 대북한 지원을 놓고 이런저런 말이 많자, 그것은 동포애, 인류애도 아니요, 그냥 '도리'라고 했던 말속에서 우리는 보기 드물게 '부모의 마음'을 엿볼 수 있을 듯하다. 당시의 한반도에서는 갈등이 존재할 공간이 별로 없었다.

2022. 5. 22.

# 미래와 운명의 불확실성 앞에 겸손하라

강창구
워싱턴 평통 회장

잘 아다시피 갈등(葛藤: conflict)은 칡나무 갈(葛), 등나무 등(藤)을 더하여 만들어진 단어이다. 칡은 왼쪽으로 돌며 올라가고, 등나무는 반대로 돌아감으로써 올라가는데 두 나무가 같은 곳에 있으면 서로 휘감으면서 갈라지게 얽혀버리게 된다는 뜻이다.

어느 조직, 사회에서나 있는 현상이요, 각 개인의 내면세계에도 존재하는 것이니 도저히 보기 흉해서 풀어야 할 정도가 아니면 서두를 필요가 없다는 것이 일반적인 의견이다. 갈등이 팽팽히 정리된다는 것은 언어의 유희에 불과할 수가 있다. 따라서 '갈등관리', 즉 갈등은 다스린다고 했다. 남과 북도 그렇다.

교류구조분석의 창시자 에릭 번 박사는 1950년대 자아의 상태(ID)를 부모의 마음(Parent), 어른의 마음(Adult), 어린이의 마음(Child)으로 구분하였다. 사람마다 이 세가지 요소를 모두 가지고 있는데, 가장 먼저 반응하는 것이 '어린이 마음'이다.

배가 고프다. 화가 난다. 덥다. 무중한다. 뭘 해달라고 한다. 이럴 때, 상대의 반응은 필요 없다. 들어 놓고 행복하다. 슬퍼해버린다. 이게 어린이 마음이다. 대체로, 개인이나 집단에서 어떤 상황이 발생했을 때 가장 먼저 흔하게 나타나는 1차 반응들이다. 그 반응을 대하는 상대에 따라서 갈등이 촉발된다. 시도 때도 없이 마음 갈등으로 달랠 것인가, 교육할 것인가, 같이 학습할 것인가, 같이 화를 내어 되받아 치 버릴 것인가, 이럴 때 특출이 '어린이 마음'으로 특강이 상대하게 되면 해결이 된다. 국제관계도 그런 면이 의외로 남과 북도 그렇다.

정도의 차이는 있지만 어린이 마음은 대체로, 부정적인 인격이 주종이다. 또한 회비, 호불호가 확실하다. 세상이 온통 자기중심이 되어야 하는데 그게 아니다. 자기 뜻대로 되는 게 하나도 없다. 급방 좋았다가도 돌아서면 토라져 있다.

'어른의 마음은 좀 다르다. 아니 좀 달라야 한다. 자본주의의 지평과 오류가 전세계적으로 나타나서 각국마다 조금씩 차이는 있지만 사회적 불평등의 심화, 인문학의 실종으로 '어른'의 용은 시간이 흐름수록 급속하게 사라지고 있다. 이제 돈이 없는 어른의 마음은 비웃음이다.

불과 50년 전까지만 해도, 세상이 심하는 공통가치는 '생명존중 평화, 정의, 인류애, 공동번영' 이번 것이었다. 이제는 돈과 경제 앞에서 거의 자취를 감추어버리고 말았다. 약소국가의 이사들조차도 말릴이 없다. 특수한 무혜이지만 어른의 마음은 무혜일지도 모른다. '기속통화 국돈조차 안심할 수 없는 지경이다. 기존에 '국력이라는 개념이 포함되었다.

영토, 인구, 군사력 등이 모두 경제력, 그것도 개인보다 예비로 모한 기속통화에 의해 철저하게 예속되어 있다.

아놀드 토인비는 '역사는 반복된다'고 했다. '역사의 연구에서 그는 26개 문명의 등장과 쇠퇴를 연구한 뒤, '문명은 엘리트 지도자로 이루어진 창조적 소수의 지도 아래 도전에 성공적으로 대응 함으로써 등장했다고 결론지었다. 또 그 지도자들이 창조적으로 대응하기를 멈추었을 때 쇠퇴하며 민족주의, 군국주의, 전제적(專制的) 소수의 독재정치 등에 의해 붕괴한다고 하였다. 수긍이 간다.

그런데 칼 맑스가 '역사는 경제력 에서 자체를 것이라는 견해에 반해서 보인데는 정신적인 향에 의해서 열성될 것이라는 다소 막연한 신앙적인 입장을 견지했는데 이런 비현실적인 결론부분에 대해서 격한 회의감이 생기지 않을 수가 현실세계는 대인기가 비록 섬세한 이론이지만 누가 보며 맑스의 역사관이 빨린 현실적이요, 통찰력을 가졌다고 볼 수 있다.

현실로 되돌아와서 토인비 교수의 견해를 되돌아 보자. 너무나 허술하기 짝이 없다. 도처에 정신성 자리를 이제는 거의 '번영(이)이 차지하고 있다. 법은 최후의 수단이어야 한다고 해왔지 만 법을 무기로 바꾼 지도 벌써나 국제화되고 특별해진가 않다. 그 법을 지배하는 것이 경제가 되어버린 마당에 '어린이 마음 어른마음이 어디에 있겠는가.

국제법의 한계를 비웃기에도 하듯이 경제로 육박지르고 부딪치고 깨치고 수많은 국민들이 지도자 및 사람들에 의해서 생사의 갈림길을 해매는 게 현실이다. 한 국가의 리더들은 국제사회에서 우호적인 국가를 많이 갖는 것 못지않게 치명적인 적(敵)을 만들지 말아야 한다.

강창근도 한물한 병기면 여자일이 약자라 큰다는 걸 러시아가 보여주고 있지만 그 어느 국가도 예외가 없어 보인다. 미래와 운명의 불확실성 앞에 겸손해야 예의 주시하여야 한다.

그 노무현 전 대통령이 대북 지원을 놓고 제의 재인 발이 많다. 그것은 동포애, 인류애도 아니요. 그냥 '도리'라고 했던 말 속에서 우리는 보기 드물게 방송 속에서 '어른의 마음을 엿볼 수 있을 듯하다. 당시의 한반도에서는 갈등이 존재할 공간이 별로 없었다.

# 사람 사는 세상

40년 전인 1983년 10월에 당시 국토통일원이 주최한 '전국대학생 통일논문대회'가 전남대학교에서 열렸다. 전국 각지의 대학에서 100여 명의 대학생, 대학원생들이 참가한 대회였다. 필자도 '남북한 통일 방안 비교 분석을 통한 한반도의 미래'라는 논제로 그 당시 국제사회의 격동, 즉 등소평에 의한 중국의 개방화, 러시아의 페레스 트로이카, 동구권의 개방화가 북한의 테크노크라트(신지식층)를 움직여 북한의 개방화를 이끌 수도 있겠다는 20대 패기 어린 대학생으로서 호기심 수준의 추론(?)을 정리했다. 그게 어쩌다 보니 최우수 논문으로 평가받았다. 지나고 보니 그 가설과 추론이 보기 좋게 빗나가 버렸지만 그 일은 개인적으로 민족 통일에 대해서 가장 진지했던 한때로 남아 있다.

인생의 느지막이 민주평통 협의회의 회장을 맡고 보니 지난 40년 동안 한반도 주변 정세는 너무나도 복잡다기하게 변해 버렸다. 짧으나마 줌(ZOOM)으로 이루어지는 각종 평화통일 강연들을 대하면서 통일의 당위성으로 더욱 맹진해야 하는 입장임에도 시시각각 변화무쌍한 국제 상황에 따른 아젠다의 생성과 동기 부여, 비전 제시 등 어느 하나도 녹록지 않아 보인다.

하루하루 생활하기에 바쁜 이민 생활 중에 중장기적인 통일 전략이라는 게 어느 누구의 관심이라도 될까, 그래서 그런지 '비통일(非統一: 통일이 되거나 말거나)'적인 행동들이 생활 주변에 비일비재하다. 우리의 주변 일상에서 통일보다는 하위개념인 통합이나 소통에 대한 이야기들은 이제 지겨울 정도이지만 이의 실행 지수는 아직도 남의 일처럼 휑하다. 아주 조그만 소통합들마저 이루는 게 그다지도 힘이 드는데 민족적 통일을 논하겠다는 게 좀 그렇다. 그것은 각 개인들의 저변에 깔린 자본주의적 잠재의식 중에 정제되지 못한 크고 작은 '경쟁'에 대한 몰이해의 누적으로 사회 각층의 이해관계나 합의, 통합의 가치들이 그 필요성을 상실해 버린 게 현실이자 원인이다.

70, 80년대 고성장 시대에 가계, 기업, 정부 중 한국의 대기업들은 그 성장의 최일선을 선도하고 있었다. 기업에서는 이미 시행되고 있는 경쟁력, 효율 같은 '혁신 아젠다'를 학계가 뒤이어 연구하고, 그것을 공무원 사회가 뒤따르는 식이었다. 오늘날도 그런 관성은 지속되고 있다고 본다.

기업은 이 경쟁을 이겨 내지 못하면 그 어느 누구도 살아남지 못한다. 절박했지만 그러나 그 경쟁을 '신사적, 운명적'으로 승화시켰다. 경쟁 상대를 상호 존중하고 벤치마킹하고 때로는 정보도 공유하는 페어플레이도 있었다. 경쟁 이후까지를 염두에 두고 경쟁했던 '여유나 격조' 같은 게 있었다.

1956년 조미료가 아주 생소할 시기에 '미원'이 시장에 선을 보였다. 일등주의 삼성의 제일제당이 가만히 있을 리가 없었다. 1963년 제일제당은 미풍을 출시하여 경쟁에 돌입하는데 1975년 제일제당이 '다시다'를 재등장시키자 각 지역 대리점끼리 패싸움을 할 정도로 떠들썩하게 시장 점유율을 놓고 경쟁하였다.

결과는 '제일제당은 이병철의 일부지만 미원은 나의 전부다.'라고 맞선 임대홍의 미원이 승리한다. 삼성의 가격 덤핑 전략에 맞서서 미원이 거꾸로 가격을 올려 버리자 미원의 소비자 선호도가 더 올라가 버렸던 일화는 유명한 기업 전쟁사 중의 백미로 꼽힌다. 승패는 갈렸지만 조미료 시장은 3배가 확장되어 양사가 윈윈했다. 훗날에 고 임대홍의 손녀(임세령)와 이병철의 손자(이재용)가 결혼한다.

한편 원양 어업 회사인 동원산업은 어물전에 굴러다니던 참치를 캔에 담아서 시장에 내놓았다. 그 소비성이 시장에 반영되자 오양수산과 사조산업이 참치 캔 시장에 뛰어든다. 한때는 명절 선물 세트의 절반이 참치 캔 박스였다. 치열하게 경쟁하는 가운데 시장이 확대되어 세 회사 모두 경쟁 덕분에 대기업군을 이루게 된다.

하나의 장난감을 놓고 싸우던 두 아이가 해 어름에 한 아이가 집으로 가 버리고 나면 그 장난감의 '효율'은 사라져 버린다. 경쟁의 개념과 경쟁자를 어떻게 바라보고 대해야 하는지를 비춰 주는 간단한 사례들이다. 우선 여러분 각자의 옆에 경쟁자로 보이는 상대를 서로서로 존중하면 통일도 멀지 않습니다.

지금은 그 의미가 많이 퇴색해 버렸지만 간첩선이나 간첩 조직 일방

타진 소식은 자다가도 벌떡 일어나게 하는 일이었다. 플래카드 만들어서 학교나 거리에서 '궐기 대회, 웅변대회'를 하였다. 그러는 사이에 공무원 부패 소식이나 선거가 그 왁자지껄 간첩 소식에 묻혀 어느새 지나가 버렸다.

1970년대부터 1990년대까지 남북한 위정자들에 의한 남북한의 소위 '적대적 공생 관계'를 알면서도 속고 모르면서 지나갔다. 그렇게 허송해 버렸으니, 죽는 게 세월이요, 쌓이는 게 민족의 한이다. 이제는 이런 거 좀 하지 말자.

이제는 국민들이 아주 조그만 경제적 불편도 감수할 인내심마저 보이지 않는다. 수십억 아파트에 붙는 몇 푼의 재산세나 어느 집 자식 대학 진학하는 것 하나하나에 현미경을 들이대는 세상이다.


익히 아는 상식이지만 한국 경제의 대외 의존도는 매년 다르지만 60~80%이다. 즉 수출이 GDP의 80%를 넘나드는 수출입 위주의 경제 구조하에서 국제 상황을 영리하게 대처하지 못하면 한순간에 폭 망해 버릴 수가 있다. 심지어 어떤 해는 이게 100%까지 넘으려고 할 때도 있다. 2020년 한국의 주요 수출국을 보자. 중국(26%), 미국+일본(14%+5%=19%), 베트남(8%) 순이다. 기업들이 가슴 졸이고 있다. 한·미·일:북·중·러 대결 상태가 강화되면 될수록 북한의 전략적 가치는 높아지고 통일의 길은 더더욱 요원해진다.


주변의 상대를 '적'으로 간주하고 대하는 경우와 '경쟁 상대'로 대하는 것은 상황이 다르다. 경쟁 상대가 많은 것은 나에게 유리할 수도 있지만 적을 많이 만드는 것은 좋을 게 하나도 없다.

　한민족의 경우에는 세계 인류 다음으로 큰 사회적 개념은 '민족'이라고 본다. 국가는 민족의 하위개념이자 정치적 의미가 더 크다. 우리 한민족의 적은 누구이고, 경쟁 상대는 누구인가.

　상대를 죽여야 내가 산다는 것은 적에게 하는 짓이요, '상대도 살고 나는 더 잘 산다.'의 세상이 바로 '사람 사는 세상'인 것이다. 이런 개념을 미처 정리하지 못한 채 통일도 못 보고 세상을 등지는 수많은 민족 구성원들에게 살아 있는 마음이 오늘도 무겁다.

2022. 5. 27.

수상 논문 발표 장면

# Moment of truth
## ('청년의 밤' 초대의 말씀)

'진실의 순간', 당대 최고의 서비스를 자랑했던 '스위스 항공' 승무원 교육 매뉴얼의 표제이다. '고객의 결정은 단 15초로도 충분하다. 이 순간을 놓치면 그다음 과정의 고객 만족은 허탕이 되어 버린다.'

'Moment of truth'를 대략 이 정도로 해석하면 무방하다 생각합니다. 사람과 사람이 면 대 면(Face to face) 서비스 접점에 근무하는 근무자에게 있어서 '첫인상의 중요성'을 일깨워 줄 때 저는 이 말을 인용하고 제 스스로 실천하려고 합니다.

이는 미국 이민 오기 직전인 2002년까지 제가 18년 근무했던 국내 기업의 고객 서비스부장, 교육부장 시절에 모토로 삼았던 내용을 오늘 여러분과 나누고자 합니다. 그러나 이 짧은 시간이지만 오늘 이후에는 아마도 저를 전혀 다르게 기억하게 될지도 모릅니다. 여러분 앞에 서 있는 제 모습에서 이상한 걸 알아차리지 못한다면 보는 분이 이상하겠지요, 그렇습니다. 팔과 어깨에 문제가 있어서 어깨 보호 장치를 하고 있습니다.

오늘 스프링필드에 있는 유명 골프장 클럽 하우스에 초대를 받았습니다. 주변도 근사하고 실내도 아주 우아한 곳인데 오늘의 호스트라고 하는 사람이 '어깨에 엄청난 무엇인가 보호대를 하고 있다.' 이게 핵심입니다. 다른 것들은 기억에 없어도 이런 '이상한 장면'은 기억에 오래 남거든요.

일부러 연출이 아니란 것이 다르다면 다릅니다. 진실의 다른 표현은 '진정성'입니다.


저는 사실 입사 9년 차에 차장이라는 직급에 오를 정도로 '특진'을 두 번씩 했습니다. 1998년 한국의 IMF가 없었다면, 그리고 회사의 오너가 바뀌지 않았다면 장래의 '유력한 CEO'가 될 것이라는 주변의 선망이 있었습니다.

그러나 오늘 여러분 앞에 서 있는 이곳은 제가 20년 전 한국에서 바랐던 그 자리보다도 비교가 안 될 정도로 자긍심이 큰 자리입니다. 민주평통 워싱턴 협의회 회장은 대기업의 사장이 추구하는 가치와는 비교하는 게 오히려 이상합니다. 지금 이 시간에도 한국에는 수많은 기업체의 사장들이 배출되고 있습니다. 그러나 세계의 수도 워싱턴의 민주평통 협의회장과는 그 희소성도 그렇지만 조국과 민족을 위해 해야 할 막중함은 그 차원이 다르다고 할 것입니다.


사람은 모두가 최선을 다해서 자신의 인생을 살아가고 있다고 믿습니다. 그러나 그런 믿음들이 반드시 이루어지는 것은 아니지요.

어떤 계기가 있을 때 그것을 붙잡아서 자기의 것으로 만드느냐 안 하느냐는 전적으로 당사자의 의지와 노력에 달려 있다 생각합니다. 여러분, 돈을 많이 벌고 싶으세요?

저 뒤에 여러분의 선배 몇 분들은 돈 버는 방법에 대해서 기술자분들이 계십니다. 골프 상급자들과 어울려야 처음에는 고통이지만 자신도 그 레벨에 올라갈 수가 있습니다. 오늘 여러분들에게 여러분처럼 이곳에서 학교를 나오고 지금은 메릴랜드주의 특임장관이신 '지미 리 장관님'과 함께하는 귀한 시간을 마련했습니다. 장관님처럼 수많은 분들이 존경하는 위치에 오르고 싶습니까. 오늘 이 자리에 참석하신 여러분은 이미 50%는 그 목표에 다가서 있다 할 것입니다.

20만 명으로 추산되는 워싱턴 지역 한인들 중에 50명이 함께한 자리입니다. 5천 명 중에서 1명에 해당되는 뜻깊은 자리입니다. '지금 여기에 여러분과 제가 함께 있다는 것'이 여러분의 인생에 어떤 전환점이 될지 아무도 모릅니다.

장관님의 강연 내용 중에서 조국, 통일, 민족에 대한 'Moment of truth'를 발견하고 붙잡고 가시길 소망합니다.

다시 한번 환영합니다. 감사합니다.

2022. 5. 28.

# "우리가 사회를 변화시켜야"

## 워싱턴평통 주최 '청년의 밤'서 지미 리 장관 특강

### 1.5세·2세들에 삶의 방향·용기 줘

"리더십은 자리나 감투가 아닌 행동입니다."

지미 리 메릴랜드 특수산업부 장관이 한인 청년들에게 당부했다. 13살 때 미국에 온 리 장관은 당시 심각한 인종차별을 겪기도 했으나 한인으로서의 정체성과 자부심을 잃지 않고, 성공한 사업가로서 또한 버지니아와 메릴랜드 주 정부에서 일하며 소수계 이민사회의 모범이 됐다.

민주평통 워싱턴협의회(회장 강창구)는 지난 24일 스프링필드 컨트리클럽에서 지미 리 장관과 함께하는 '워싱턴 청년의 밤' 행사를 개최했다. 이날 행사에 참석한 1.5세, 2세 청년들은 "소수계로 살면서 우리들과 비슷한 고민을 했던 장

관님의 강연을 통해 앞으로 어떻게 살아가야 할지, 보다 능동적으로 변화를 주도해 나갈 수 있는 용기를 얻었다"고 입을 모았다.

리 장관은 "아프리카 초원에는 약육강식의 자연법칙이 지배하지만 우리가 사는 세상은 헌법질서에 기초한다"며 "이러한 질서는 자연이나 신이 아닌 바로 우리가 만들고 바꿀 수 있는 것"이라고 강조했다. 또한 그는 "국제질서에도 패권이 존재하듯 우리사회에도 그러한 권력이 존재하지만 이를 견제하는 힘은 소수의 결집된 힘"이라며 "그래서 우리 같은 소수계는 아무리 어렵고 힘들더라도 반드시 해야 할 일이 있다"고 강조했다.

팬데믹을 겪으며 불거졌던 아시안 혐오범죄와 관련해 리 장관은 "모범적인 소수계(Model Minority)라는 고정관념은 영원한 이방인(perpetual foreigners)이라는 결코 넘어설 수 없는 벽에 우리를 가두었다"며 "미국에서 태어나고 자란 2세들도 매번 어느 나라에서 왔느냐(where are you really from?)는 질문을 받는다"고 지적했다. 때문에 그는 "우리가 사회를 변화시켜야 한다"며 "변화가 쉽지는 않지만 그렇다고 포기한다면 그 결과는 치명적일 수밖에 없다"고 강조했다.

한인사회의 미래를 이끌어갈 청년들에게 리 장관은 "리더십은 자리나 감투가 아닌 행동'이라며 "우리가 사는 세상은 문제가 많은 것처럼 보이지만 이러한 문제는 결국 기회가 될 것"이라면서 "한 번 사는 인생, 어떻게 살아야 할지 고민해 보길 바란다"고 당부했다.

〈유제원 기자〉

워싱턴평통이 주최한 '청년의 밤' 행사가 지난 24일 열렸다.

본문과 관련된 행사 후기 신문 기사입니다

사진 뒷줄 왼쪽에서 3번째분이 지미 리 장관입니다.
지미 리 장관의 선친은 유명한 미국 태권도계의 대부 고 이준구 사범입니다

# '명태, 명태라고 음하하하'
### (청년들이 희망이다.)

참 별스러운 노래도 다 있구나 했다. 그 선배님은 야영을 가서 텐트를 치고 모닥불에 둘러앉은 모두에게 소주잔을 들게 하더니 〈명태〉를 불렀다. 파격이었다. 기존에 들었던 노래가 아니었다. 무슨 연극의 대사 한 대목을 하는 줄 알았다.

검푸른 바다 바다 밑에서 줄지어 떼 지어 찬물을 호흡하고…(중략)
에짚트의 王처럼 미이라가 됐을 때 어떤 외롭고 가난한 詩人이 밤늦게 詩를 쓰다가
쇠주를 마실 때 (카~) 그의 안주가 되어도 좋다. 그의 詩가 되어도 좋다. 짝짝 찢어지어 내 몸은 없어질지라도 내 이름만 남아 있으리라 (허허 허허…)
명태 (헛허허허…) 명태라고 (음헛허허… 쯧쯧쯧쯧…)
이 세상에 남아 있으리라.

이민으로는 환갑이 훨씬 지나 버린 나이 47에 미국으로 이민을 떠나지 않으면 안 될 이유가 몇 가지 있었다. 그중에서 중요한 이유 하나는

'겨우 40 중반에 한국 사회에서는 더 이상 필요 없는 사람이 되어 버렸다.'라는 절망감이 그것이다. 40 중반이면 미국에서는 한참 청년인데….

미국에서는 신자유주의가 맹진하던 80년대가 지나고 90년대 중반 한국은 그 소용돌이의 한가운데 있었다. 'IMF'가 한국을 휩쓸고 있었던 것이다. 산업계 전반은 꼼짝없이 국가적 중죄인(?)이 되어야 했고 세계화니, 글로벌이니, 구조 조정, 효율화, 명퇴가 일상이 되면서 하루하루를 헐떡였다. 누구를 탓하고 말고도 없다. 서로가 서로를 못 믿는 극도의 불신의 시대가 눈앞에 펼쳐진다. 가계, 기업, 정부 등 경제 상호 주체 간에 신뢰는 깨져 버렸고, 개인 대 개인, 심지어 가족 형제끼리도 거래 단절의 벽 앞에 속절이 없었다.

그중에서 가장 흔한 레퍼토리는 이른바 '꼰대론'이었다. 기성세대는 트렌드에 둔감하고, 변화를 싫어하고, 신세대를 이해 못 하고 고리타분하며 고여 썩은 물로 치부해 버리면 그만이었다. 나이 몇 살 더 먹은 죄(?)는 정말로 혹독했다. 무조건 철저하게 속죄하고 반성을 아무리 한다 해도 젊은이들 세계에서는 조롱과 청산의 대상이었다.

그럴 만한 이유들이 많았던 것도 사실이다. 젊은 세대들에게 너무나 가혹한 세상을 물려준 '원죄'는 무슨 변명으로도 설명되지 못했다. 지금의 60 전후 세대를 충효, 장유유서의 마지막 세대라고들 한다. 선배들에게는 고개도 제대로 못 들면서 후배들의 눈치는 살펴야 하는 평생 어정쩡한 위치가 되어 버린 것이다.

그렇게 20여 년이 지나고 보니 사회와 국가를 바꾸겠다고 한쪽(국힘당 이준석)에서 젊은 남성 대표를 내세워서 '꼰대론'으로 성공(?)했다 싶으니까, 상대 쪽에서는 젊은 여성(민주당 박지현)을 내세웠다. 어쩌나 보자 하고 양쪽을 착잡한 마음으로 지켜봤다. 이제 한창인 청춘 남녀가 만나면 앞에 놓인 접시의 빵을 서로 다정하게 나누면서 사랑과 낭만을 이야기하고 미래와 인생을 설계하는 것이려니 했는데 서로 자기의 빵을 등 뒤로 감추고 20, 30대 남자는 남자들끼리 모이고, 20, 30대 여자는 여자들끼리 모여서 어느 쪽의 빵이 더 큰가를 가지고 서로 두 눈을 부라렸다.

이런 마당에 민족이니, 역사니, 인류, 환경이 끼어들 틈이라고는 없어 보인다. 어떻게 결혼도 하기 전부터 가장 오붓해야 할 남녀 사이가 '성(性)'을 사이에 두고 투쟁부터 연습하고 있나, 이게 말이 되는 이야기인가. 오늘도 그저 고개를 푹 숙이고 쫙쫙 찢어져 소주의 안주가 되어야 하는 심정일 뿐이다.

'지성(知性)' 하면 떠오르는 직업은 당연히 대학교수다. '당신들은 도대체 그동안 젊은이들을 앞에 놓고 뭘 가르쳤습니까.' 하려다 아차 싶다. 밥벌이도 없이 양어깨가 처져서 대학 문을 나서고 있는 제자들을 바라보는 그분들의 심정을 다시 헤아려 보니 그 어느 누굴 탓할 일도 아니다. 밥그릇 챙겨 주기도 벅찬 현실에서 한가하게 뭘 지성을 심어 주고 말고 했을까.

민주평통에 들어와 보니, 자의든 타의든 같은 또래의 청년 평통 자문 위원들이 있다. 아마도 그들 또래의 세계에서는 이들을 '화성인'들로 볼 것만 같다.

또래들이 이들에게 묻는다. '거기 뭐 하는 곳인데?'

이들은 '민주, 평화, 통일, 자문….' 대답을 못 다 하고 주춤거린다.

이민 사회에서 학창 때 부족했던 인생관, 세계관을 세워 나가는 데 이만한 곳도 없다. 누가 뭐라고 하든지 민주평통은 일상에서 지나치기 쉬운 국제, 외교, 남북, 경제, 전쟁, 평화 같은 가치와 꾸준히 접하게 되어 있고, 학습한다. 각자의 인생에서 값진 투자요 경험이다. 이들이 대견스럽고도 장하다.

그들을 위한 '명태'가 되는 것이라면 쫙쫙 찢어지는 것도 기꺼이 하겠다.

2022. 6. 16.

---

한국일보 2022년 6월 16일 목요일

### '명태, 명태라고 음하하하'

강창구
워싱턴 평통 회장

참 별스런 노래도 다 있구나 했다. 그 선배님은 야영을 가서 텐트를 치고 모닥불에 둘러 앉은 모두에게 소주잔을 돌게 하더니 '명태'를 불렀다. 파격이었다. 기존에 들었던 노래가 아니었다. 무슨 연극의 대사 한 대목을 하는 줄 알았다.

검푸른 바다 바다 밑에서 줄지어 떼지어 찬찬히 줄지어 흐물흐물하고- (중략) 에잇튼의 조지럽 마이너가 됐을 때 어떤 곳다가 쇠주를 마실 때 (카~) 그의 안주가 되어도 좋다. 그의 료가 되어도 좋다. 따락 찢어지어 내 몸은 없어질 지라도 내 이름은 남아 있으리라 허허허, 짠태라(햄버허버) 명태라고 (흠헛흠흠, 흥흥흥흥)이 세상에 남아 있으리라.

이민으로는 환갑이 훨씬 지나버린 나이 47세에 미국으로 이민을 떠나지 않으면 안될 이유가 많지 않았다. 그 중에서 중요한 이유 하나는 '겨우' 40평반의 한국 사회에서는 더 이상 필요 없는 사람이라고 버렸다는 절망감이 그러나다. 40평반이면 미국에서는 한창 청년인데―

미국에서는 신자유주의가 맹진하던

80년대가 지나고 90년대 중반 한국은 그 소용돌이의 한가운데 있었다. 'IMF'가 한국을 휩쓸고 있었던 것이다. 산업계 전반은 꿈꿀없이 국가적 중파(?)가 되어야 했고 세계화나 글로벌이니 구조조정, 효율화, 명퇴가 일상이 되면서 하루아침에 퇴직했던 누구를 맞닥고 갈고 싶다. 서로가 서로를 못하는 극도의 불신의 시대가 눈 앞에 펼쳐진다. 가게, 기업, 정부 등 경제 상호 주체간에 신뢰는 케케머거고 개인 대 개인, 심지어 가족 형제까지도 단절의 백악에 숙을이 있었다.

그중에서 가장 레퍼데어는 이른바 '쫀대론' 이었다. 기성세대는 트렌드에 둔감하고, 변화를 싫어하고, 신세대를 이해 못하고 고리타분하며 고여 벗은 물로 지부에 버리면 그만이야라는 뜻이 담긴 것이다.

그렇게 20여년이 지나고 보니 사회와 국가를 바꾸겠다고 한쪽에서 젊은 남성대표를 내세워서 '쫀대로 성공(?)했다 싶으나서, 상대에서는 젊은 여성을 내세웠다. 어쩌나 보자 하고 앙쪽을 착잡한 마음으로 지켜봤다.

이제 한창인 청춘 남녀가 만나면 앞에 놓인 접시의 반을 서로 다정하게 나누면서 사랑과 남편을 이야기하고 미래의 인생을 설계하는 것이라며 했으나 서로. 자기의 빵을 뒤로 감추고 2,30대끼리는 남자들끼리 모이고, 2,30대 여자는 여자들끼리 모여서 어느꼬의 빵이 더 크냐를 가지고 서로 등을 부라렸다.

이런 마당에 민족이니, 역사니, 인류, 환경이 까어들 틈바귀는 없어 보인다. 어떻게 결론은 하기 전부터 가장 오붓하고 알 남녀 사이의 '상대'를 사이에 두고 투쟁부터 연습하고 있다. 이게 말이 되는 이야기인가? 오늘도 그저 고개를 푹푹 숙이고 쫙쫙 찢어져 소주의 안

주가 되어야 하는 심정일 뿐이다.

'지성(知性)'이라면 떠오르는 직업은 당연히 대학교수다. '당신들은 도대체 그동안 젊은이들을 앞에 놓고 뭘 가르쳤습니까' 하려다 아차 싶다. 밥벌이도 없이 앙 어깨가 쳐져서 대학문을 나서고 있는 제자들을 바라보는 그분들의 심정을 다시 해아려 보니 그 어 게주기도, 박한 현실에서 한가에게 될 주고 말고 했을뿐.

민주평통에 들어와 보니, 자의든 타의였든 같은 또래의 청년 평통자문위원들이 있다. 아마도 그들 또래의 세계에서는 이들을 '화성인'들로 볼 것만 같다. '거기 뭐 하는 곳인데?' '민주, 평화, 통일, 자문-.' 학창때 부족했던 인생관, 세계관을 세워나가는데 이만한 곳도 없다. 누가 뭐라고 하든지 민주평통은 일상에서 지나치기 쉬운 국제, 외교, 남북, 경제, 전쟁, 평화 같은 가치와 따이더 접하게 되어있고, 학습한다. 각자의 인생에서 값진 투자요 경험이다. 대견스럽고도 장하다.

그들을 위한 '명태' 되는 것이라면 쫙쫙 찢어지는 것도 기꺼이 하겠다.

# '의복은 날개이고 인격이다'

'저는 저의 외모를 잘 압니다. 기본 이하입니다.'라는 전제를 깔고 생활을 합니다. 세상 사람들이 다 '제 잘난 맛에 산다.'라고 하는데 저는 거울을 보고 아무리 스스로 좋게 보려고 해도 '이건 아니다.'가 저의 결론입니다.

그래서 나이 40이 넘어서는 사진이라도 잘 나오게 하려고 사진 찍을 찰나에 고개를 옆으로 살짝 돌려 보기도 하고, 눈이 작게 나온다고 해서 크게 떠 보려고도 하고, 양 눈이 처져서 10년 전에 갔을 때 한국에 있는 성형외과 하는 동생에게 '어떻게 좀 치켜올려 줄 수 있나?' 해서 눈 아래 '김종필 살'을 제거해 보기도 했습니다.

아무리 그래 봐야 '원판 불변의 법칙'이다. 생긴 대로 살자. 뭐 까짓것 남북통일이라도 된다면 살가죽 한 번 모두 벗겨진다 해도, 생전에 상상도 못 했던 온몸에 '한반도기 문신'이라도 불사하겠다.

여러분, 오늘 정기 회의 나오실 때 '딸 결혼식'에 입고 나간다 생각하시고 곱게 차려입고 나오세요. 그리고 눈 화장도 좀 하시고, 남자분들은 머리도 좀 각도 잡고 오세요. 기분 좋아서 웃는 게 아니라 웃으니까 기분이 좋아지더라.

제가 느끼는 미국 생활 중에서 아주 좋은 점 하나는 '입는 것' 구애받지 않는 것이 좋습니다. 반바지에 편한 반팔 러닝셔츠 하나면 못 갈 데가 별로 없습니다. 식당, 골프장, 마켓, 교회(?), 저녁 모임, 콘퍼런스, 세미나, 또 별별 군데를 쏘다녀도 누가 뭐라고 하는 사람이 별로 없습니다.

그래서인지 미국에서 20년 생활 동안 옷값을 전혀 쓰지 않고 살았습니다. 제가 원래 치장(?)을 허세로 생각하는 이상스러운 점도 있지만 한국에서 입던 옷조차 못다 입고 사는 입장입니다. 그러니 상상을 해 보세요. 한국에서 마지막 입던 정장들은 교회 갈 때 정도만 입었을 뿐이니 옷에 신경 쓸 일들이 거의 없었습니다.

그런데 작년에 덜컥 평통회장 되었다고 한밤중에 사무처로부터 전화를 받고 보니, 당장 뭘 입고 남 앞에 나서나, 어디 가서 뭘 사야지? 언제 뭘 사 봤어야 알든가 말든가, 세탁소 하는 후배에게 말했더니 Brington 인가 어디 가서 대충 입어 보고 자기한테 가져오라고 해서 가 봤더니, 아글쎄 온통 스패니시들이 즐겨 입을 법한 울긋불긋한 옷들만 여기저기 걸려 있었습니다.

건너 귀퉁이에 50달러짜리 양복 몇 벌이 있기는 한데, 아무리 뜯어고친다 해도 저걸 어떻게 입냐! 집에 와서 와이프에게 이야기했더니, 한국에서는 아이들 옷도 백화점 옷 아니면 사 보지를 않았던 와이프도 미국 와서 뭘 사 봤어야 알지….

그래도 백화점 같은데 가 보면 뭐가 있겠지…요. 그래서 Macy's를 가서 사이즈를 재고 나서 겨울 2벌, 여름 1벌, 와이셔츠 3개를 샀다.

여태 여러분들이 보신 옷들이 바로 그 옷들입니다.

오늘 아주 깔끔하고 산뜻하게 차려입고 나오실 여러분들을 기대합니다. 저의 삶은 '실사구시'가 맞습니다. 내용을 형식보다 중요시하는 것도 맞습니다. 옷 잘 입고 배곯은 것보다는 배부른 것이 우선인 것도 맞습니다.

그런데 그건 어디까지나 제 인생관이고요. 워싱턴 민주평통의 자문위원의 위상과 격조는 분명히 다르다고 생각합니다. 그리고 이것은 앞으로도 우리 스스로 세워 나가야 할 책무이기도 합니다. 최고의 격조와 우아함을 유지할 수 있도록 편안한 좌석을 준비해서 여러분을 기다리겠습니다.

그리고 유쾌, 상쾌, 통쾌한 정기 회의를 기대하겠습니다.

# 너의 생각 나의 행동

엊그제 민주평통 2022년 2분기 정기 회의를 마치면서 저는 아주 색다르고 놀라운 장면을 보았습니다.

그 첫째는, 개회사에서도 잠깐 언급했습니다만 고 김상태 자문 위원의 남다른 인생과 삶이 그것입니다. 보통의 상상을 초월한 그분의 인생이 오늘을 살아가는 많은 분들께 두고두고 귀감이 되기를 원합니다. 배재고, 연세대를 졸업하고 시러큐스대학에 유학을 와서 1980년에 CPA가 됩니다.

그런데 불과 몇 년 후부터 시력 이상이 생겨서 목격자들에 따르면 그 당시로는 엄청나게 큰 대형컴퓨터와 빔 프로젝트 같은 확대경으로 겨우 글씨를 인식해서 업무를 보았고 그마저도 더 악화된 뒤부터는 27년을 옆에서 눈이 되어 준 비서와 부인을 통해서만 업무를 봐야 했답니다. 그렇게 눈물겹게 번 돈을 워싱턴 한인 동포들이 잘 알다시피 남을 위해 앞장서서 헌신하시다 75세를 일기로 세상과 이별을 하였습니다.

누가 보더라도 도움을 받아야 할 처지임에도 오히려 헌신을 아끼지 않았던 그분의 인생에 대해서 그를 아는 많은 분들이 애통해하십니다.

또 한 가지는 그런 남편의 마음을 실행에 옮긴 미망인 김영자 여사님에 대해서 또 다른 깊은 감동을 말씀드리지 않을 수가 없습니다. 고인의 눈과 발이 되어 한인 사회 봉사에 혼신의 힘을 다해 주신 내조의 모습을 남다르게 보았습니다. 참으로 장하십니다. 민주평통 자문 위원을 '6기 연임'하신 걸 자문 위원 여러분과 함께 기억하겠습니다.

둘째는, 통일에 관한 설문서를 읽어 준 김유숙 간사님을 칭찬하고자 합니다. 제 착각일는지 모르겠습니다만 그동안의 수많은 노력들에 의해서 이제는 평통 자문 위원들에게 언제 어디서 누가 묻더라도 평통의 정체성과 역할에 대해서는 거침없는 답변이 나올 수 있다는 것을 이번 정기 회의를 통해서 알게 되었습니다.

'민주평통이 뭐 하는 곳이냐?' '조국의 민주적 평화적 통일을 자문하는 곳'이다. '민주, 평화, 통일, 자문', 이 네 단어를 기억하고 실천하면 되는 것이다. 그래서 민주평통 사무처는 매 분기 2만여(해외 3,800명, 미주 1,750명) 자문 위원에게는 그간의 강연, 학습을 통해 익힌 한반도 통일에 관한 위원 각자 자신의 입장을 평통 사무처가 매 분기 시행하는 설문에 성실히 응답할 '의무'가 주어집니다. 이번 2분기에도 자문 위원 설문서 작성의 의무가 주어졌고, 그 설문에 따른 분임 토의와 결과 발표의 프로그램이 정해져 있었습니다. 더군다나 이번에는 지난 5월의 한국 대통령 선거에서 정권이 바뀌고 새로운 의장님이 취임한 뒤 처음 실시하는 설문 조사여서 어떤 결과가 있을지 상당한 기대가 있는 설문이었습니다.

저는 상당히 놀랐습니다. 그렇게 다양하고도 깊이 있게 설문에 응해 주신 데에 대하여 심심한 감사와 존경의 마음을 갖습니다. 보통 설문 조사는 주관자의 고심과 노력에 비해서 응답은 제 자신부터도 여태까지는 성실하지 못했음을 이 자리에서 고백합니다. 심지어 OX 문항이나 단순한 번호 선택 문제마저도 귀찮을 수 있었습니다. 그런데 설문지 하단에 '기타 의견란'은 좀처럼 손이 가지 않는 사각지대입니다.

이번 정기 회의 시 간사께서도 이 부분에 대해서 놀랐었는지 그 내용 하나하나를 발표하는 시간을 특별히 진행해 주었는데…, 회의가 모두 끝나고 집에 돌아와 궁금해서 간사에게 다시 전화를 했다. 물론 간사님도 누가 어떤 의견을 보냈는지는 확인할 방법은 없다. 다만 구글에 그 답변들만 모아 놓은 게 있다고 해서 보내 달라고 했다. 다시 자세히 건 하나하나를 훑어봤다. 대화, 원칙, 일관성, 민족, 한미 동맹, 비정부, 민간 교류 등이 망라된 다양하고도 깊이 있는 답변들을 보면서 굉장히 놀랍고도 기뻤다.

그동안 제가 자문 위원님들에게 갖는 평소의 기대나 희망을 훨씬 뛰어넘는 값진 기회였습니다. 자칫 의례적으로 지나쳐 버릴 수 있었던 일을 여러분과 공유하겠다는 생각을 하고 이를 실행한 김유숙 워싱턴 협의회 간사님 감사합니다.

마지막으로, 그리고 한 가지 더, 이렇게 긴 글은 잘 읽지 않는다는 사실을 알았습니다. 정기 회의 전에 올린 제 초대 인사 '의복이 날개다'를

159

읽지 않고 오신 분들이 일부 계시다는 걸 알았습니다.

'말이든 글이든 가급적 짧게 하자.' 이상입니다.

# 공감과 설득의 징검다리는 촘촘할수록 좋다

산이 높으니 골이 깊었을까, 입사 10년 만에 특별 승진을 두 번이나 하다 보니 주변의 질시가 많았다. 1984년 시작한 회사 생활, 잔꾀에 능하지 못했다. 회사의 매뉴얼대로 했다. 그 매뉴얼이 틀리지 않았다는 걸 증명해 주는 사원이라는 말이 내게까지 들렸다. 그래서 그렇게 거칠 게 없다는 듯 건방져 버렸나, 어느 날 필자가 주재하는 미팅에 직원이 또 늦었다. 한두 번 늦은 게 아니었다. 뒤에 서 있게 하고는 과장에게 그분 집에 전화를 돌리게 했다.

'여보세요, 사모님, K 소장 출근하셨습니까.' ('…….') '집 안에 있는 모든 시계를 30분씩만 앞으로 좀 돌려놓으세요.' ('…….') 다시는 지각하지 말라고 했던 조치라고 했지만 아무리 좋게 생각하려 해도 최악이었다. 그리고 나는 명퇴하고 오갈 데가 없어서 미국까지 건너왔다. 교회라고는 모르고 살던 사람이 친지, 친구 하나도 없는 만리타향에 와서 시애틀의 깜깜한 교회 바닥에 엎드렸는데 많고 많은 죄악(?) 중에서 왜 유독 그 장면이 떠올랐을까, 그때도 회개했지만 K 소장과 가족분들께 다시 또 사죄드린다.

팀워크와 합심이 조직의 생존을 좌우하던 마케팅 현장은 살벌한 전쟁이었다. 아무리 그렇다지만 그래서는 안 되는 일이었다. 그 순간에도 알았지만 그것은 그 누구에게도 도움이 안 되는 일이었다.

세상 그 어느 곳이든 8:2의 법칙이 적용된다는 걸 요즈음에 더욱 절실하게 느끼고 산다. 상위 20%만 잘 관리하고 가면 편하고 쉽다. 그러나 전체 총량에는 금방 한계가 온다. 행복도 가치도 마찬가지다. 하위 50%를 평균 이상으로 끌어올리는 것은 거의 불가능에 가깝지만 이의 개선을 위한 노력을 지도자가 포기하면 이 세상은 기대할 미래가 더 이상 없다.

결국 모두가 다 아는 이걸 해결하지 못해서 세상이 조금씩이라도 더 나아질 것이라는 기대가 무참하게 무너지고 있는 현실이다. 그래도 미련을 버리지 못한다. 아니 버려서는 안 된다. 어쩌면 이것은 인류의 숙명이자 나의 길이기도 하다.

5월이 한국 민주화의 격동이었다면 6월은 조국과 분단의 흑역사를 떠오르게 하는 달이다. 민족 최대의 비극, 한국전쟁(6/25), 현충일(6/6), 그리고 이 어두운 한반도 역사가 마감될 줄 알았던 6·15 남북 공동선언(6/15), 각 일정마다 열리는 기념식에 두루 참석해서 느낀 소회는 분단 77년만큼이나 당위에서 공감으로 건너는 징검다리가 아주 멀찍멀찍하다.

'당위와 공감', 아무리 옳고 맞는 일도 공감을 얻지 못하면 이루기 힘들다. 공감만을 강조하다 보면 당위가 어디로 사라져 버린다.

나라를 굳건히 지켜야 한다. 통일도 해야 한다. 독도는 우리 땅이다.

종군 위안부는 아주 나쁜 인류 범죄다. 한반도에서 전쟁은 절대로 안 된다… 이 모든 것은 당위다. 그런데 딱 거기까지다. 공감의 전 단계인 설득의 피로감 때문인지 시도조차 않는다. 그러니 각자의 길밖에는 관심도 없다. 통일을 강조하면 안보를 포기하는 줄 안다. 안보를 강조하면 반통일로 본다. 가까운 곳에서부터 공감이 필요하고 또 필요할 때다. 서로 설득하고 또 설득해야 한다.

개전 2달을 넘어서고 있는 우크라이나 전쟁, 전쟁의 속설이 무너지고 있다. 아파하라고 때린 손이 더 아프다. 누가 승리고 누가 패배인가, 당사국 아닌 곳에서도 아우성들이다. 전 세계가 우울증을 심하게 앓고 있다. 한반도 주변에서는 이번 전쟁으로 북한이 가장 유리해졌다는 분석이 많다. 전쟁을 일으킨 러시아만 탓할 일인가, 전쟁을 부추기지는 않았다고 피해 갈 일들도 아니다. 방관도 죄다. 세계경제는 서로서로 연결된 지 오래다. 경제순환 구조의 경화로 인플레이션을 각 개인들까지 직접 느끼는 시대다. 강 건너 불구경이 아닐 것이라고 수차 경고했다. 평화를 이야기하면 더 이상 비굴이 아니라는 걸 똑똑히 목도하라. 공멸의 그림자가 눈앞에 어른거리고 있다.

뼈대도 중요하지만 근육과 살도 사람에게는 꼭 필요하다. '옳고 맞는 것'도 중요하지만 '좋고 싫은 것'까지도 살피자는 것이 설득이요, 공감이다. 모두가 좀 더 유연해질 필요가 있다. 국내 사정과 국제 외교는 차이가 분명하다.

특히 이럴 때 국제사회의 격랑에 함부로 춤추는 것은 뼈저릴 수가 있다.

2022. 6. 27.

# 남자의 시선, 여자의 시각
### (세계 여성 콘퍼런스, 댈러스)

60 환갑이 넘을 때까지도 어머님은 변변한 사진 한 장이 없었다. 50 넘어서 당뇨 때문이었던지 땡볕에 그을려서 그런지 날이 갈수록 쇠해 보이셨다. 어느 날 부모님께 버스로 올라오시라고 했다. 대소사도 없는데 그냥 올라오라는 큰아들의 대도시 초대에 무슨 영문인지도 모르고, '아들이 불러서 올라갑니다.' 하시면서 동네 분들에게는 으쓱(?)대며 올라오셨을 듯하다. 자랑거리도 없는 집안이지만 특히 자식 자랑은 입에도 안 올린다고 하셔서 우리 형제들이 어디서 무엇 하는지 자세히 모르는 동네 분들이 아직도 계실 것으로 알고 있다.

땀을 씻겨 드리고 시내의 사진관으로 갔다. 그제야 아시는 듯하다. 그렇게 찍었던 사진은 그 후 17년 뒤, 24년 후에 두 분의 영정 사진이 되었다. 영정 사진 속의 어머니, 아버지의 모습은 돌아가실 때에 비해서 훨씬 싱그럽다. 이제는 내 나이가 이미 그 나이를 더 지나 버렸다.

어느 날, 어머님이 '너희들이 살 만하니까, 내가 늙어 버렸다.' 하신다. 10년만 더 젊으셨으면…, 할 때가 있었다. '사람을 나이나 겉모습으로 보지 말거라. 늙은 나를 대하듯이 보면 세상 못난 사람 하나도 없을 것이다.'라고 덧붙이셨던 그런 어머님에게서는 밉고 곱고가 따로 없었다. 그때부터 나는 사람들 특히 연세 있는 여성을 대할 때마다 습관적으로 20세 더 젊은 모습으로 바꿔서 보기 시작했다. 세상 사람들이 모두 다 곱고도 젊어 보였다.

아주 착한(?) 대학 친구가 있었다. 독실한 기독교 신자였고, 여학생에게 먼저 말을 걸 줄도 모르는 순둥이였다. 졸업 시즌에 각종 취직 면접에서 번번이 떨어졌다. 우리는 늘 곁에서 지켜봐서 몰랐지만 그 친구는 군대 휴가 때에도 헌병들이 여러 명 중에서 유독 그 친구만 검색을 하더란다. 그랬다. 미간이 좁고 인상이 강렬했던 것이다. 그런 걸 보면서 별로 호감 가는 얼굴이 못 되고 생긴 대로 살자 했던 나도 그때부터는 사람들에게 좀 더 선하게 보이려고 노력했다.

남녀 간의 시력에는 선택의 여지가 없는 특장(特長)들이 있다. 남편이 아침에 대문 밖에 놓인 신문을 가지러 나가면 신문만 들고 바로 들어온다. 부인이라면 아기 신발 한 짝이 없어진 것, 마당에 떨어진 휴지, 우물가 수도꼭지 물 흐르는 것, 담장 밑에 숨어 있는 도둑고양이, 이웃집에 요리 냄새까지 다 기억하고 들어와서 남편에게 아기 신발 한 짝, 휴지는 왜 안 줍고, 수도꼭지도 안 잠그고, 고양이 봤어? 하고 묻고 따진다. 남자가 그런 걸 볼 경황이면 정작 신문을 가져오지 못했을 것이다.

와이프와 길거리를 지나가다 보면 가끔씩 '똑바로 가세요.'라고 조용하고 나직이 말한다. 다른 여자 쳐다보는 걸 귀신같이 알아차린다. '여자의 시각'은 270도라고 한다. '남자는 45도'도 안 되는 것 같다. 그래서 '시선'이라고 하는 듯하다. 밖에 나갈 때 화장하는 와이프와 그런 화장을 하는 다른 여성들, 누구에게 잘 보이려고 그러며, 그런 여성을 쳐다보게 되는 남자들, 그 이중적 심리를 나이 60이 훨씬 지나도록 확실한 구분을 못 하고 있는 나 같은 뭇 남성들은 무척 혼돈스럽다. 특히 남자들은 여름철에 밖에 나가면 눈 둘 곳이 없다. 천장을 쳐다보거나 외면하면 무시하냐고 따진다.

지난 5월에 텍사스 댈러스에서는 민주평통 세계 여성 콘퍼런스가 열렸다. 그날 연설의 대부분이 여성 주제였다. 여성 특유의 섬세함, 자상함, 편안함 등이 물씬 진동하는 걸출한 회의였다. 여성들끼리 더 잘할 수 있는 남북한의 통일 방안, 여성이기 때문에 남자들이 할 수 없는 세세한 방법과 가능성들을 발표, 논의하고, 박수 치고 웃고 돌아왔다. 그중에서 필자의 눈에 가장 띄는 것은 행사장을 뒤덮은 '핑크색 칼라'였다. 무대 장식, 화면, 브로슈어, 복장, 테이블 등등, 그것은 행사장을 평화와 환희가 넘치도록 했다. 남자들 눈에는 두고두고 오래 기억될 색상의 선택이었다고 생각한다. 그곳에 남성이 전혀 없었다면 또 어땠을까, 물론 그런 생각을 그 당시에는 못 해 봤다.

남녀 문제도 굉장히 분화되고 복잡해졌다. 조화가 중요한 지점이다. 전혀 별개여서는 인류가 망한다. 남북도 일도양단(一刀兩斷)이면 공멸이다. 그리고 보니 남북문제도 남녀 문제와 비슷한 면이 있어 보인다. 세계가 시끄럽고 어지럽다. 남북문제라도 조용했으면 하는 여름이다. 남

자들의 날카로운 시선을 여성들의 넓은 시각으로 감싸 안아 주는,

'그런 세상은 요원한가!'

2022. 7. 9.

저를 1957년 8월 9일 세상에 데려다주신 부모님이며 본문의 내용대로 그 당시 찍었던 사진입니다,
어머님은 2007년, 아버님은 2014년에 돌아가셨습니다

워싱턴 협의회 참가 위원들과 함께(텍사스 댈러스)

# 경험, 그 무시하지 못할 위력
## (브라질 미주지역회의 결과보고서)

나는 이런저런 자리에서 사람의 기능적 측면으로 나 자신을 소개할 때 '실사구시형'이라고 스스로를 말해 왔다. 그것은 바로 실용주의다. 실사구시 하면 떠오르는 인물의 대표적인 분은 다산 정약용 선생이다. 다산이 왕성하게 활동한 조선시대 정조대가 1800년대이다. 영국의 경험주의 시조라고 할 수 있는 베이컨이 1500년 중반이고, 홉스나 존 로크는 1600년대 사람이니 거의 200년 정도 후에야 실용주의가 조선에 알려졌던지 아니면 자생적으로 나타났다고 할 수 있다.

'아는 것이 힘이다.'(베이컨), '역사는 만인의 만인에 대한 투쟁이다.'(홉스), '사회계약론'(존 로크), 베이컨에서 시작된 경험론은 자연법을 기초한 존 로크를 거쳐 계몽주의로 발전하여 영미 근대 헌법의 토대가 된다.

요즈음같이 인터넷이나 영상 기술이 발달한 시기에 시간과 경비를 들여가면서 이미 잘 알려진 유명 관광지를 직접 눈으로 확인한다는 것은 시간과 비용 면에서 그 실용성이 낮다는 객관적 판단에도 불구하고 실제로는 팬데믹이 끝나는가(?) 싶으니 폭발하는 여행 수요, 이를 '보복성 여행'으로 표현하는 이도 있다. 재미있는 표현이다. 여태 참았던 억눌림을 자신에게 보복하는 심정으로 보상받겠다는 표현에 익살을 느낀다.

브라질, 화면과 실제는 또 많은 것이 달랐습니다. 냄새와 맛과 느낌 등 여러 가지가 달랐습니다. 긴장해서 그런지 '여독'으로 며칠을 보내야 했습니다. 그림도 너무 많으면 비슷비슷해서 당사자 외에는 또 다른 짜증 유발이 되겠기에 상징적인 것만 몇 개 올렸습니다. 상세한 행사 내용은 언론이나 인터넷에서 확인하실 수 있습니다.

회의 내용 중에 공지해야 할 내용만을 올립니다.


(회의 내용 요약)

1) 부의장 개회사, 민주평통 미주지역 최초로 브라질에서 운영 회의(4차)가 열렸다는 데에 여러 가지 의미가 있다.


2) 미주지역 과장(김종진)

서울 정기 회의:

일시—9/5~9/8

의장 접견 장소—워커힐 또는 용산 집무실 앞 잔디밭

미주지역 참가 예상—763명(7/1 현재)

골든벨 본선 대회: 미주지역은 온라인 참석

유공 자문 위원 정부 훈포상: 7/26까지 미주지역회의로 보고

민주평통 홈페이지 활용: 많은 행사가 홍보 부족으로 공유되지 못하고 지역에서 묻히고 있음. 카톡 방도 충분히 활용해서 민주평통의 활동상을 국회나 정부에서 크로스체크되는 게 수고에 대한 보상 및 예산 확보에 도움도 됨.

3) 미주지역회의

5차 운영 회의(차기)는 2022년 9월 5일 4~6시 서울에서 행사 전에 실시할 예정임.

6차 운영 회의 2023년 1월 13일 미주 이민 120년 기념식 관련, 하와이에서 개최하기로 잠정 결정함.

4) 각 협의회별 발표(행사 결과 & 행사 계획)

K-peace festival(통일부 주최) 공모에 워싱턴 협의회에서 개최 신청한 사실을 발표함.

자문 위원 보궐 관련 질의했으나 확답을 못 받았음.

5) 미주지역회의 특별 협조 사항

워싱턴 지역에서 열릴 예정인 'K-peace conference' 행사에 민주평통은 후원 협의 단체로 협조 요청함. 평통은 주최자에서 제외할 것을 재건의함.

2022. 7. 14.

리우데자네이루가 내려다보이는 산상의 예수상 앞에서

브라질 미주지역 운영회의에 참가한 지역 협의회장단

# '잘 노는 것도 중요한 일이다'

국민학교 다닐 때였으니까 1960년대 중반쯤 어느 날, 어머니가 오일장에 나가셨다가 비녀를 풀고 쪽 찐 머리를 자른 뒤 파마머리를 하고 돌아오셨다. 어머니에게는 본시 동네 고샅 나다니는 것조차 사치였다. 오로지 집과 논밭만 오갔다. 그러니 북장구 치고 노는 곳에 간다는 것은 어머니 세상에는 없는 일이라고 생각했었다. 그런 어머니가 머리 스타일을 바꾸고, 가끔이지만 식구들 식사 시간이 지나도록 동네 잔칫집에서 오래 머물기도 하였다. 논두렁에 앉아 아버지와 막걸리도 한잔씩 하셨다. 정비석의 소설 《자유부인》을 읽기 훨씬 이전의 일로 어린 마음이 혼란스러웠다. 엄마의 신상에 아주 중대한 변화가 틀림없다고 생각했다.

지금 와서 생각해 보면 일종의 리비도(Libido: 성욕 본능)이자, 조금 더 들어가자면 오이디푸스 콤플렉스(Oedipus complex)라고 할 수도 있을 것 같다. 즉 엄마를 보호해야 한다는 남자아이, 당시의 엄마들이 대부분 그랬듯이 여성이 아닌 엄마, 아내, 주부의 역할에만 충실토록 했던 것이다. 먹고 입는 것도 항상 식구들 중에서 맨 나중이어야 했고, 집안의 궂은일은 당연히 엄마 몫이어야 했다. 그래서 스스로도 노는 것은 고사하고 쉬는 일도 없었다. 가만히 있으면 불안하다 못해서 무위도식(無爲

徒食)하는 듯 죄의식까지 가진 듯했다. 그래서 어릴 때부터 그런 걸 보고 자란 필자 세대들도 놀이 문화에는 대체로 서툴고 보수적이다.

하루가 7번이면 1주일이 되고, 1주일이 4번 지나면 1달을 결산한다. 그 한 달이 3번이면 분기요, 그런 분기가 2번이면 반기다. 또 2번의 반기면 1년을 결산한다. 점들이 모여 선이 되고 선들이 모여 면을 이루고, 면이 쌓이면 작품이 되는 이치다. 그러니 하루하루를 금쪽같이 보내야 했다. 그 사이사이에 생기는 경조사도 빠지면 조직의 쓴맛이 뒤따른다. 휴가라고 정해져 있지만 그걸 제대로 쓸려면 각오(?)를 하거나, 반차만 쓰더라도 눈치가 사납다.

이것은 20년 전 떠나오기 직전까지 한국 내 직장인들의 일상이었다. 그렇게 한다고 반드시 앞서 나간다는 보장도 없다. 어느 날, 같은 사내 인접 지역 모 본부장은 산하 지점장 25명과 함께 울릉도까지 3박 4일 여행을 떠났단다. 월말 마감이 임박해 오자 오히려 다른 본부에서 걱정으로 숨죽이고 있는데 정작 당사자인 본부장은 태연자약이다. 결과는 오히려 더 나왔다. 그리고 25명이 함께한 시간과 공감, 추억과 감동은 보너스로 남는다. 어제가 오늘이고, 오늘이 내일인 타 본부와는 멤버 간 신뢰의 깊이가 다르다.

민주평통 회장을 맡은 지 전반부 1년이 다 되어 간다. 마음속으로 혼자 결산을 해 보는 시기다. 그리고 후반 1년을 준비해야 한다. 나름 '임무와 역할과 사명'이 몸에 배어 있을 것이라고 생각했는데도 순간순간을 소홀히 했던 일만 스쳐 간다.

사람과 숫자에 대한 욕심(?) 그리고 좌절, 상 받을 일은 못 하더라도 손가락질은 받지 말자면서 스태프, 임원들과 소통하기 위해서 '직무 일지'를 다시 쓰기 시작했다. '부지런하면 꼴찌는 안 한다.' 누가 채점하고 감시하는 것도 아닌데도 스스로 그게 더 편하다. 영락없는 우리 어머니다. 누군가와 격의 없는 하룻밤을 보내고 싶다는 생각이 들었다. '낙망은 청년의 죽음이요, 청년이 죽으면 민족이 죽는다.'(도산 안창호) 이런 청년 사상을 바탕에 두고 시작한 민주평통 워싱턴의 전반 1년이 지나가는 즈음이다. 이번에는 원로 자문 위원(고문) 10여 분들과 M/T를 다녀왔다.

서로 다른 출신, 각자의 방식과 문화로 건너온 삶들이지만 이제는 돌아와 거울 앞에 선 내 누님 같은 꽃, 국화 같은 시간이었다. 좋아하는 음식, 이야기의 주제, 눈빛, 노래, 생각, 배려, 잠자는 습관까지, 어쩌면 그날 밤에는 꿈마저도 같았을지도 모른다. 만남, 이산가족, 고향, 사연, 통일, 가볍게 스쳐 지나갔던 이야기들, 오히려 말없이 마음과 마음으로 웃고 돌아온 1박 2일이 무척이나 짧고 아쉽다. '휴가도 업무의 연장'이라는 걸 퇴직하고 나서야 깨달았다. 같은 일도 재미있게 하는 것이 중요하다.

분단(分斷)은 한민족에게 만악(萬惡)의 근원이요. 통일은 민족의 숙원이다. 통일은 숭고한 것, 오늘도 통일을 위해 헌신하고 수고하는 수많은 국내외 기관과 단체도 이를 지속하려면 '즐거운 마음으로 재미있게 하자.'라고 하면 어떨까.

남의 탓만으로 허송하느니 내 길을 꾸준히 가려면 그러는 게 맞을 수도 있다.

2022. 7. 29.

# 가르치고 가르치고, 또 가르쳐야 한다
## (청소년 역사 탐방)

우리에게는 '늑대 소녀'로 널리 알려진 카마라와 아마라 이야기는 1920년대 인도의 한 마을에서 있었던 실화다. 숲에서 발견된 2살, 여덟 살로 보이는 두 여자 어린이는 모습만 사람이었지 늑대의 행동 그대로였다. 작은 아마라는 곧 죽었고 카마라는 9년을 더 살다가 죽었다. 죽을 때까지 9년 동안 45단어밖에 사용할 줄 몰랐다. 필자는 중학교 3학년 때 앓아서 3개월 동안을 학교에 가지 못한 적이 있다. 그때 '소인수분해'를 제대로 못 배웠던 게 고등학교 '방정식'까지 두고두고 장애가 되었고 결국 수학을 싫어하게 만들어 버렸다.

학습 발달 과정에서 '결정적 시기'(Critical period)를 놓치게 되면 많은 결함을 가지고 일생을 살아야 하는 아픔이 있다는 것을 자식 키우는 부모나 사회의 원로 어른들은 자신의 일처럼 느껴야 한다.

하늘이 무너지고 땅이 꺼지고 세상이 뒤집어져도 바꿀 수 없고 어찌할 수 없는 것들이 있다. 나를 낳아 준 부모님을 기억하는 일이다. 그래서 이를 '천륜(天倫)'이라고 한다. 이를 좀 더 넓혀 보면 '민족(民族)'이다. 역사의 근간이요, 함부로 거역하거나 외면해서 안 되는 일이다. 요즈음 고리타분한 것 중의 하나는 아마 '족보(族譜)'일 것이다. 옛날에는 그것이 생명처럼 소중하게 여겼던 물건 중에 하나였지만 지금은 관심은커녕 꼰대의 대명사처럼 취급되거나 잊힌 물건이 되어 버렸다.

국가 사회 또한 자라나는 청년들에게 그들이 서 있는 정확한 좌표를 알려 주고 깨우치게 도와주는 것은 지극히 온당하고 마땅하다. 세계의 수도라고 하는 미국의 워싱턴, 그곳에는 약 18만 명의 동포와 4천여 명(?)을 헤아리는 중고 재학생 자녀들이 있다. 그들 중 40명이 이번에 민주평통 워싱턴 협의회가 주최하는 평화통일 역사 탐방 행사에 동참했다.

애난 데일의 평화의 소녀상, 미 해병대 박물관에 있는 장진호 전투 기념비, 내셔널 몰에 있는 한국전쟁 조형물, 대한제국 공사관을 둘러보는 행사였다. 부모의 깨우침이 자녀들에게 전달되는 것은 너무나 당연하다. 반면에 부모가 모르면 자녀도 그대로다. 그러므로 참가 학생 부모님들의 협조와 성원에 특별히 더 감사한다.

헤르만 헤세의 《데미안》을 읽었던 사람이라면 '아브락사스'를 기억할 것이다. '새는 알을 깨고 나온다. 알은 세계다. 태어나려는 자는 세계를 파괴해야 한다. 새는 신에게로 날아간다. 그 신의 이름은 아브락사스다.' 난해한 소설의 핵심은 '물질 위에 영혼이 있다.'라는 것으로 이해하면 될 듯하다.

그렇다. 역사는 물질이 아니다. 역사교육은 밥과는 거리가 멀다. '민족(民族)'을 가르치는 일이다. 역사를 가르치는 민족과 국가는 번영하며 살아남는다. '역사를 잊는 민족에게는 미래가 없다.'라는 단재 신채호 선생의 말씀과 일맥상통한다.

몇 해 전 아들과 둘이서 여름 하와이를 다녀왔다. 치과 졸업을 앞둔 아들과 장래의 진로도 상의할 겸 둘만의 시간을 가졌다. 군대를 지원하기를 속으로 바랐지만 본인 의사를 존중해서 접기로 했다. 대신에 진주만 해역에 있는 1942년 12월 8일 일본군의 폭격으로 가라앉은 애리조나호 위에 설치된 추모 구조물 위에 침묵하며 동쪽 하늘을 바라보고 서 있던 수많은 미국인 가족들의 끝없는 행렬 속에서 '역사교육'의 현장감을 느꼈다. 바로 건너편에는 1945년 9월 2일 동경만에서 항복 조인식을 치른 승전함 미주리호가 퇴역하고 나서 위풍당당하게 그 치욕의 역사를 내려다보고 있었다.

공부하라고 하니 '엄마 좋으려고.' 되받아치는 어린 학생, 교회 나오라고 하니, '목사님 좋으려고.' 생각하는 신도, '민족'에 대한 역사교육은 필요하다면 쥐어박아 가면서라도 가르쳐야 할 일이다. 특히 외국에 나와 있는 경우라면 더욱더 그렇다. 그들이 스스로 느낄 때쯤이면 이미 부모 세대는 이 세상에 없다. 그리고 왜 이 '중요한 것'을 나에게 전해 주지 않았을까, 할 것이다. 그러나 때는 너무 늦다.

가르치고, 가르치고, 또 가르쳐야 한다. 그들 자신을 위해서! 또한 제대로!

1889년 구입했다가 한일병탄으로 일제에 의해 1불에 팔려 버렸던 걸 2012년에 워싱턴 한인 사회와 본국의 지원으로 250만 불에 재매입해서 개관된 '구 대한제국공사관' 탐방했던 사진입니다

매년 동포 청소년들에게 고국의 평화통일과 정체성, 한국 역사에 관한 퀴즈 대회(평화 골든벨)를 열어서 민족에 대한 정체성 함양을 해 오고 있습니다

아들 병진과 하와이 해변에서

# 무서운 단절의 시대

고국에 대한 수많은 상념은 미국으로 떠나오기 전까지의 기억, 딱 거기까지다. 설마 나도 그럴까 했었는데 근자에 와서는 예외가 없다고 더느낀다. 아무리 통신 인터넷이 발달해 있어도 신통할 정도로 그 지점에서 한 발짝도 나아가지 못한다는 게 맞다.

그러는 사이에 훌쩍 20년의 세월이 흘러 버렸다. 향후 10년 후인 이민 30년 만에 거꾸로 미국에서 한국으로 역이민하면 어떨까. 마찬가지겠지만 그 정도가 훨씬 덜할 것이다. 문화 변화 속도의 문제도 있지만 인간관계와 관련된 국민성에 기인한다 할 것이다. 그것은 국제결혼 가정임에도 별반 차이가 없다고 본다. 이것은 지극히 일반적이지만 개개인의 역사 인식과 해석에서 아주 중요한 부분을 시사해 준다.

최근 한국 근대사의 두 사건인 '일제 36년'과 '한국전쟁'을 둘러보는 여러 행사를 참관하면서 느낀 점은 같은 사건인데도, '사람마다 이렇게 다른 역사 인식 체계를 갖게 되었을까' 하는 것이었다. 사람들이 각각이니 똑같지는 않을지라도 어느 정도 비슷할 줄 알았는데, 어떻게 전혀 상반된 인식을 가지고 있는지 신기하기도 하고 궁금하기도 했다.

장구한 역사적 사실 중 '태평성대'는 대체로 기억에 짧고, '환란'의 기억이 더 많이 회자(膾炙)되는 것은 역사적 당위성 측면에서는 당연하다. 뒤집어 보면 환란 때 리더 그룹의 역사관은 그만큼 무겁다. 국가의 주요 정책 결정을 즉흥적으로 내리는 게 얼마나 위험한 일인지 알아야 한다.

'1592년 임진왜란이 있었다. 7년간 나라 전체가 위난을 당했다. 영웅 이순신이 등장했다.' 수많은 한반도 환란의 역사 중에 가장 널리 인식되고 있는 한 대목이다. 이런 역사적 사실은 그 당시보다는 그 한참 지난 후에 사가(史家)들이 다듬어 정리한 내용이다. 정리가 더 필요한 증거가 또 나온다면 역사는 다시 사실(史實)을 재해석, 재정비해 나간다.

만약 임란(壬亂) 7년의 한가운데 실존했던 분들이 후세 사가들이 역사를 이렇게 정리했을 것이라고 보는 분들이 과연 몇 명이나 있었겠는가. 그분들에게는 살아남아야 한다는 눈앞의 현실이 가장 중요했을 것이다. 때로는 몸을 던져서 멸사봉공하는 것밖에는 대안이 없다고 판단했을 수도 있고, 그 환란 중에도 적에게 투항하는 걸 천행(天幸)으로, 심지어는 적의 앞잡이가 되는 게 최상책으로 했던 사람들도 당연히 있었을 것이다.

이러하니 역사(歷史)를 알아야 하는 것이다. 임진왜란이 한국사에서 점하는 보다 중요 지점은 '왜 임란이 일어났는가, 그걸 예방할 수는 없었던 것인가.'에 방점(傍點)이 있다고 본다. 율곡 이이의 '10만 양병설', 통신사 황윤길, 부사 김성일의 전혀 다른 귀국 보고서 등이 중요하게 자리하고 있고 연구의 대상인 이유이다. 역사적 사실은 단순한 사건 자체도 중요하지만 사건의 전후까지를 망라해서 입체적인 인식과 정리가 필요하다.

　일제의 한복판에서 실제를 체험했던 분들의 심경이나 기억은 매우 다양했을 것이나 대부분은 억울, 분노, 좌절, 염세 같은 느낌이었겠지만 체념, 순응, 가담, 출세의 현장도 뚜렷하게 기억할 것이다. 독립운동을 하는 이들이 얼마나 무모하고 가망이 없게 보였을까. 가난을 벗어나기 위한 일이라면 무엇이든지 했다는 시각이 그래서 나온 것이다.

　시간을 되돌린다 해도 크게 다를 바가 없겠으나 사후 역사를 제대로 내면화한 사람이라면 분명 다를 것이다. 역사를 배우고 못 배우고, 역사를 알고 모르고의 차이가 여기에 있는 것이다. '누가 이들을 거기에 계속 묶어 두려고 하는가, 그 사건 속에서 빠져나오지 못하게 하는가.'

　한국전쟁에서 '적이냐 아군이냐'만 조건반사적 직감으로 구분해 내지 않으면 살아남지 못했던 분들은 지금도 그 전쟁의 포화 한가운데 여전히 있다. 왜 전쟁이 일어났고, 전쟁 후에 지금도 계속되고 있는 분단과 단절, 그런 현상의 지속이 갖는 의미와 배경은 나중의 문제다. 그러니 스스로 그 한계를 벗어나기는 힘들 수밖에 없는 것이다.

　높은 산에 올라가 봐야 더 넓은 시야를 볼 수 있듯이 내면으로만, 가까운 사람끼리만 계속 교류하다 보면 나도 모르는 사이에 일종의 그물막이 생기고, 그 막이 장벽이 되는 것은 당연한 이치다.

　나라를 위한 개개인의 목숨을 건 절체절명의 순간순간이 소중하다는 데 이론의 여지가 없다. 그러나 진정 그분들을 위한다면 그런 역사적 비극에 계속 머물러 있게 하는 것보다는 비극적 상황의 막전 막후를 입체적으로 조망토록 하여 트라우마의 극복과 더불어 그런 비극을 예방하는 향도적 사명인으로 거듭나도록 적극적으로 도와드려야 맞다.

단절이 발전을 더디게 한다. 서로의 이웃에게도 좋지 않다. '단절할 것'과 '연결할 것'을 민족 번영을 위해 중장기 관점에서 엄중하게 숙고하고, 국민들을 단절의 '토막 역사' 속에 가두는 일이 없어야 한다.

통일의 사다리 아래 떨어져 통곡하는 수많은 선열들이 내려다보고 있다.

2022. 8. 25.

# 통일은 오른 길도 왼 길도 아닌 '옳은 길'이다

다시 9월 1일이다. 한국의 대통령이 당연직 의장인 민주평통자문회의 워싱턴 협의회 회장으로 임명받은 지 1년이 되었습니다. 이제 그 후반 1년을 시작합니다. 무보수 봉사직으로 임명받은 90여 자문 위원님들과 함께 그동안 의장이 바뀌었지만 한반도 평화와 통일을 위해 중단 없는 행진을 이어 가겠습니다. 그 감회와 의지를 나누고자 합니다.

'나는 매일매일 결단한다.' 사생결단하듯 하고 비장해 보이기까지 한 이 말은 실제로는 지극히 실용적인 기업 교육에서 비롯되었던 말이다. 무슨 일이든지 추구하는 뜻이 아무리 크고 위대하다 하더라도 그 바탕과 출발, 배경은 아주 익숙한 일상에서부터 혁신해야 하는 경우가 허다하다. 천 리 길도 한 걸음부터인 것이다. 실용주의자들의 사회 혁신 방법론이다. 어느 누군들 삶의 목표 중에 '파라다이스(樂園)'를 꿈꾸지 않았을까만 대부분 실낙원(失樂園)이 그들을 기다리고 있었다. 예수 그리스도에 의해 복락원(復樂園)을 소망한다는 것이 사상가 밀턴의 기독교적 세계관이다. 지난 1년의 꿈과 좌절, 그리고 새로운 1년은 도전으로 그려 보고 싶은 심정이다. 각각 '맡은 자'들이 임무의 시작과 끝에 새겨 둘 만한 고전이다.

각 개인도 그 내면에서는 매일매일 선과 악이 충돌하고 있다. 하물며 복잡한 사회 현실에서의 인간관계에는 선악(善惡)이 없는 게 오히려 이상한 것이다. 나와 너, 내 편과 네 편은 필연적이다. 동물의 세계에서도 천적(天敵)의 존재보다도 오히려 동종(同種) 간의 투쟁이 훨씬 치열하다.

그것은 물리적인 숙지성(熟知性)의 관점에서 보자면 대체로 수긍이 간다. 원수는 멀리에 있지 않다. 서로 가까이 지내다 보니 이빨 사이에 끼인 고춧가루(결점)도 보인다. 생판 멀리 떨어져 있으면 '관계'라는 것이 생길 수가 없는 것이다.

자식을 보면 그의 부모를 알 수 있고, 목회자를 보면 신도를 알 수 있다고 했다. 회장은 회원들의 거울이요. 회원들은 조직의 얼굴인 것이다. 참기 힘든 분노라도 창조의 에너지로 주저 없이 바꾸어야만 한다.

조직의 생명은 사람이요. 그 조직에 사람이 없으면 아주 조그만 성취도 이루기 힘들다. 가까운 곳에서부터 선한 관계와 영향력을 점차 늘려가야 하는 이유이다. 리더의 솔선 못지않게 '리더보다 더 리더 같은' 멤버십이 그래서 중요하다.

벌써 절반이 지난 아쉬움 속에서도 아직 절반이나 남아 있다는 걸 희망으로 가납(嘉納)하려 한다. 학창 때 민족주의자 도산 안창호 선생의 사상을 접하고 난 뒤부터 민족의 통일이 인생의 버킷 리스트로 자리매김되어 갔다. 그러다 보니 한국과 한인 동포 사회의 정치, 사회, 경제, 역사, 문화, 체육 등 사회 전반을 통일의 시각에서 관찰하고 판단하는 게 일상이 된 지 40여 년이 넘었다.

그리고 평통회장 1년을 했다. 짧게 지나간 1년, 그동안 몰랐던 동포 사회 곳곳의 여러분들과 가리지 않고 만났다. 또한 평통 내부적인 안정과 효율을 위해서 '통일'에 대한 이해와 학습보다는 우선 자문 위원님들과 가급적 자주 만나려고 했다. 그리고 의견을 경청하고 받들었다. 물론 타 지역 평통 행사에도 참석하여 벤치마킹과 노하우를 임원님들과 공유해서 '나만의 도그마'에 머물지 않도록 했다.

그래도 부족함이 참 많다. 시간 경제적 차원에서 출발한 '서로 나누는 통일 이야기'는 지난 1년 동안 월 3회 정도로 35회가 시리즈로 나가고 있다. 일상에서의 통일에 대한 관심과 해외 동포들의 통일관을 언론과 SNS에 공유하고자 하였다. 여러분들께 감사한다.

1년 전 평통회장 임명되었을 때의 각오와 다짐은 변함이 없다. 대의 멸친(大義滅親)이 당연함에도 갑작스러운 임명에 평소에 가깝게 생각을 나누었던 분들의 보충이 이루어지지 않는 상태였지만 오히려 부족한 협의회장을 위해 서로 앞다퉈 협조해 주신 위원 한 분 한 분이 소중하고 감사한 1년이다. 예기치 않는 어깨 부상 6개월의 공백을 메꿈 해 주신 스태프진에게도 또한 감사한다.

'통일'은 민족의 공동 감정이다. 마치 독도는 우리 땅처럼 하지만, 한편으로는 통일은 가장 비현실적이요, 비능률이요, 비생산적인 일로 비치기 쉽다. 통일 문제를 앞에 놓고는 8천만 민족이 힘을 합해도 버겁고 어렵다. 그러므로 통일을 향한 노정(路程)만큼은 오른 길도 왼 길도 아닌 '옳은 길'이라는 일념으로 대해야 한다.

마치 '어머니'를 대하듯이….

# 한인사회 Community

## "평화통일의 길은 좌도 우도 아닌 옳은 길로…"

### 20기 워싱턴 평통 출범 1년…총영사와 간담회

민주평화통일자문회의 워싱턴 협의회(회장 강창구)는 지난 1일 애난데일 한강 식당에서 권세중 총영사와 간담회를 개최했다.

지난해 9월 출범한 20기 평통은 지난 1년을 돌아보며 앞으로의 계획을 점검했다.

권세중 총영사는 "20기 출범이 후 지난 1년간 성공적으로 협의회를 이끌어 온 강창구 회장과 임원들의 수고에 감사드린다"고 말했으며 강창구 회장은 "평화통일을 향한 길은 오른쪽과 왼쪽도 아닌 옳은 길로 가야한다"고 말했다.

이날 간담회에는 새로 부임한 이지호 참사관과 신혜성 통일관,

김봉주 영사도 참석했다.

워싱턴평통은 이달 열리는 '코러스 축제'와 '메릴랜드 한인축제에서 평화통일 설문조사를 실시하고 11월에는 워싱턴 DC에서 평화통일축제를 개최한다. 이를 위해 다음달 16일 기금마련 골프대회를 개최하고 12월에는 송년회 및 평화통일강연회를 개최할 예정이다.
〈유제원 기자〉

# 가거라 삼팔선

    지금부터 1년 전, 정세현 전 통일부 장관이자 전 민주평통 수석부의장은 이임 인사차 마지막으로 전 세계 해외 평통 위원을 상대로 ZOOM 앞에 섰다. 마지막으로 사회자가, '세계 동포들에게 하실 말씀은?' 하고 물으니, '비록 몸은 멀리 있지만 마음과 정신은 조국을 향하는 구심력을 잃지 않았으면 합니다. 특히 차세대들의 원심력을 구심력으로 돌려놓는 일에 전 세계의 한인 동포 사회 지도자분들의 협조와 노력을 당부드립니다.'라고 답했다.

    '협동'이라는 말이 처음으로 머리에 와닿았던 기억은 아주아주 어렸을 때 학예회에서 염소 2마리가 양쪽에 있는 먹이를 서로 먼저 먹으려고 줄다리기를 하다가 어찌어찌 대화를 한 다음에 사이좋게 한쪽 먹이부터 차례로 먹는 장면이다. 염소라는 동물은 그 생김새나 서로 박치기하는 습관 때문인지 반목, 갈등하는 동물로 자주 묘사가 된다.

    성경에서도, 중세기 종교개혁으로 기독교 내에서 갈등이 극에 달했을 때 마틴 루터와 함께 종교개혁의 선두에 섰던 스위스 종교 개혁가 울리히 츠빙글리(Ulrich Zwingli)가 원칙과 원칙이 부딪치는 논쟁으로 나날을 보내고 있던 어느 날 염소 두 마리가 좁은 절벽 외길에서 딱 마주치자 '어떻게 하는가' 지켜보았다. 평소처럼 박치기를 해서 둘 중 하나, 아니면 둘 다 떨어질 줄 알았는데 놀랍게도 아래쪽에 있던 염소가 몸을 먼저 낮추자 위에 있던 염소가 염소의 등을 딛고 내려온 다음에 올라가더라는 것이다.

위에 오르려는 자들이 어떤 모습과 자세로 살아야 하는지를 상징적으로 보여 주는 일화로 유명하다. 그 고집스러운 염소도 그렇다. 세상의 이치가 그렇고, 살아 보니 더욱 그렇다. 운전면허 시험에서도 먼저 '양보해야 하는 차량'은 아래서 위를 향하는 차량이다. '누구든지 자기를 높이는 자는 낮아지고 자기를 낮추는 자는 높아지리라.'(마태복음 23:12)

뉴욕 브루클린에서 태어난 유명한 심리학자 매슬로우(Maslow)의 욕구 피라미드의 1단계는 '생리적 욕구'이다. 바로 위가 '안전에 대한 욕구'다. 모두가 그런 건 아니겠지만 배고픔(經濟) 앞에서는 나랏일(安保)도 눈앞에 없는 것이다. 오늘날 국가지도자들의 第一現案이 '경제'인 점을 봐도 그렇다. 예전의 국민들이라면 물가와 환율이 치솟고, 아파트값이 폭락하는 것만 보았다면,

2022년의 국민들은 중국과의 무역 적자가 심해지고 미국에서의 인플레 감축법으로 현대 전기차 수출 길이 막히고, 바이오 등 신제품을 미국 내에서 생산된 것만 판매하라는 바이든 미 대통령의 행정명령이 내 인생과 가족의 미래에 어떤 것(?)인지를 거의 안다.

국가 간 무역 중단은 각국의 물가 상승이라는 걸 전 세계인들은 거의

다 안다. 단 몇 사람들의 정치인들 때문에 전 세계가 고통이다. 그래서 자신들을 대신해서 국가 간의 복잡하고 큰 문제들은 미리미리 점검하고 대처하라고 투표를 한다.

북한과 중국은 1949년 수교해서 올해로 71년 되었다. 중국은 1950년 한국전쟁으로 북한을 도와줬지만 남한에 주한미군이 주둔하는 걸 보고 중공군이 북한에 주둔하려고 하자 김일성은 친중파를 숙청하고 중공군을 철수시켜 버렸다. (8월 종파 사건)

중국이 개혁 개방의 일환으로 1992년 한국과 수교를 단행하자 북한은 청천벽력과 배신감에 충격과 격분을 한다. 2013년 친중파 장성택을 처형하자 중국은 북한에 대한 유엔의 경제재제에 동참하고, 양국은 압록강 두만강에 병력을 증강하면서 상호 '전쟁 불사'까지 갔다. 2018년 북미 정상회담이 성사되자 중국은 숨죽이고 이를 지켜봐야 했다.

이런 그들이 요즈음에 급속도로 가까워지고 있다. 우크라이나 전쟁으로 러시아와도 짬짜미다. 155마일 휴전선이 생기기 전인 1948년에 가수 남인수는 〈가거라 삼팔선〉이라는 노래를 불렀다. 그 3절 끝머리에, '손 모아 비나이다. 손 모아 비나이다. 삼팔선아 가거라.' 독립국가를 꿈꾸며 해방을 기다렸던 한민족이 눈을 뜨고 정신 차려 보니 한반도의 허리가 잘려 있었던 것이다.

77년이 지나는 지금 서로 가까워지기는커녕 또다시 한쪽은 베이징을 넘어 모스크바로 향하고, 다른 한편은 워싱턴을 넘어 NATO까지 멀어지려고 한다. 이래서는 안 될 일이다. 50년 전이던 1972년, UN이 스웨덴에서 '세계 환경의 날'을 제정할 때만 해도 모두가 남의 일로만 알았다. 50년이 지나고 보니 어떤가. 온 세계가 이제라도 행동하려 한다. 반만년 역사로 보자면 77년의 노력으로는 짧고 부족할 수도 있다.

남북통일, 한민족이 아니면 세상 어느 누구도 관심이 없다. 소가 닭 쳐다볼 일이 아니다.

2022. 9. 14.

# 가을 장작은 봄을 기다리는 준비다

플럼 북(Plum book), 미국 대통령이 임명할 수 있는 고위공직자 리스트로, 표지가 자주색이어서 플럼 북이라고 한다.

1952년 아이젠하워 당시 대통령이 요청해서 2만 명 연방 공무원 중에서 4천 명의 임명, 임기, 급여 등을 기록한 책으로, 정권 교체기에 국정과 인사의 효율을 위해 만든 책자이다.

소위 코드인사를 하도록 하는 제도이다. 선거에서 수고한 정도에 따라 상응하는 직책에 임명하기 때문에 '엽관제'라는 부정적인 인식도 있지만, 거꾸로 신임 집권자에 의한 여타 고위 임명직에 대한 영향력을 제한하기 위해 정착된 제도이다.

한국에서는 이를 '정무직'이라고 한다. 한국의 정무직 공무원은 극히 제한적이다. 이를테면 감사원장, 선관위장, 평통 사무처장, 각 부처의 장차관 정도만 법에 정해져 있다. 그 외에는 대체적으로 임기제 임명직이다. 앞서 언급했던 임기가 필요 없는 정무직은 후임자가 정해지면 지체 없이 자리에서 물러난다.

문제는 임기가 정해진 공무원, 공공기관장에까지 이를 적용하면 업무의 연속성 등 국정에 혼선이 생길 수 있어서 미국에서도 엄격하게 지키도록 하고 있는 것이다.

지난 3월, 한국의 대선이 끝나자 걱정해 주는 분들이 우려 반 걱정 반 전화를 해 온다. 민주평통 워싱턴 협의회 회장이 무보수 봉사직으로 뭐 대단한 위치도 아니고, 법정 임기까지는 1년 반이나 남은 상황(3/2023 기준)이었다. 고민되지 않는 게 아니었다. 특별하지도 않는 사람이기에 뭐 외부로부터는 특별한 이야기도 일절 없다. 그리고 임기 2년 차를 시작한다. 이럴 때는 나 자신과의 약속이 가장 크다. '너는 왜 여기에 있는가?!'

2021년 9월 취임을 하고 나서 처음으로 자문 위원 80여 명과 빙 둘러앉아 오픈 미팅을 하였던 장면이 떠오른다. 8,500만 한민족이 그토록 소망했던 트럼프, 김정은 간의 2019년 2월 27일 소위 '하노이 회담'은 75년 남북한 단절의 시대를 마감하고, 민족 통일의 거보를 내디딜 절체의 순간이었지만 통탄을 금할 수 없게 되었다.

남북의 평화적 통일을 위해서 750만 해외 동포를 대표해 한국 대통령의 평화에 대한 자문을 해야 할 헌법기관의 협의회 대표로서, 일부나마 국가의 세금이 지원되는 만큼, '포클레인이 고장 나 멈춰 있으면 기술자 올 때까지 손 놓고 기다리고만 있을 수는 없다. 각자 삽이라도 들어야 한다.'라고 말했다. 자리가 사람을 만든다. 틀린 말은 아니지만 그 자리에서 무얼 하는가는 더 중요하다.

처음처럼, 초지일관, 항상심(恒常心), 말은 좋은데 이 말을 지키려면 피눈물 나는 노력과 절제가 있어야 가능하다. 그것이 아무리 사소한 직책이라도…, 일이 뜻대로 되지 않았을 때 핑계와 변명, 책임 회피 같은 것은 혼자서 속으로 삭여야 한다.

대학에 입학해서 선생님을 통하지 않고 도서관에서 책과 논문, 관계 서적을 통해서 민족 분단의 현실이 나의 장래와 우리 민족의 미래에 '어떤 의미'인가를 스스로 알게 된 이후로 45년의 세월이 흘렀다. 그동안 한국 사회에서 겪었던 크고 작은 정치, 경제, 사회, 교육, 역사 문제는 거의 모두 '분단 체제'와 직간접적으로 연결되어 있다는 사실을 알았다. 틀림없는 사실이고 풀어야 할 숙원이다.

필자는 돌아가신 어머니가 필자가 어린 학생 때, 학기 초나 소풍 때는 선생님께 인사를 못 하지만 학년이 끝나면 담임 선생님을 찾아가서 감사 인사를 드리는 걸 보고 자랐다. 세상사 뒷마무리를 어떻게 해야 하는지를 몸소 보여 주셨다. 시작이 있으면 끝이 있어야 하고, 그 끝이 아름다우면 더욱 좋다. 그렇기 위해서는 그 과정 하나하나도 매우 중요하다. 그런 리더가 우리 사회에 더 많이 필요하다.

혹독한 겨울을 위해 지붕을 덮고 문풍지를 달았다. 오도 가도 못하는 엄동설한에도 초가지붕 안에는 그림처럼 포근했다. 아랫목 구들장은 훈기를 더해 준다. 서로의 발을 비비면서 오는 봄을 준비해야 했다. 쌩쌩 찬바람을 천하의 아버지도 어찌할 수가 없었다. 그래서 가을이면 부지런히 장작더미를 쌓아야 한다.

어느덧 바깥에서 훈풍이 불어오면 창호지 문을 활짝 열고 온 세상을 돌아다닐 그날이 다시 올 것을 믿기 때문이다.

2022. 9. 21.

# 친정이 잘나가면 안 먹어도 배부르다
### (재외 동포들의 고국 사랑)

 

드넓은 미국 땅에 '1천만 한인을 이주시키겠습니다.'라는 걸 숙원으로 펼치겠다던 고 남문기 뉴스타부동산 대표가 그 꿈을 이루지 못하고 1년 반 전인 2021년 3월에 떠났다. 2000년 새천년이 열렸다지만 당시의 한국 사회는 IMF 시절로 수많은 기업이 도산하여 직장을 잃고, 끝 모를 경쟁으로 내몰려 숨 막히는 일상의 연속이었다. 경쟁에서 낙오(?)한 이들이 각자도생의 심정으로 미국 등 외국으로의 행렬이 줄을 잇던 시절에 미국에 도착한 필자가 본 한인 동포 신문에 실린 기사의 내용 중에 LA에서 부동산업을 하고 있던 그의 다소 황당(?)했던 말이 아직도 생생하다.

2002년 필자가 미국에 처음 와서 들었던 많은 말 중에는, '한국에서 아파트 팔아서 돈 좀 가져왔겠구먼…'이라는 말이 있다. 부동산하고는 팔자가 안 맞는 필자 입장에서야 좀 억울하기도 했다. 실패자의 변명 같지만 나는 예나 지금이나 부동산의 경제적 역할과 효과보다는 '사는 집'이라는 입장과 관점이 훨씬 강하다. 부동산 투기는 망국이라는 것이 지론이다.

2019년에 부동산값이 폭등한 시애틀에 17년 만에 가 봤다. 특별하게 변하지도 않아 보이는데 그렇게 부동산만 올랐다고 한다. 한인이 하는 데리야키 식당에 갔더니 주인 혼자서 전화 받고, 주방에 들어가 음식 만들고 서빙을 하고 있었다. 종업원들이 식당 일을 해서는 시애틀에서 살 수가 없어서 모두 떠나 버렸다는 것이다. 지금 워싱턴 지역이 그렇다. 부동산이 너무 오르면 출산율이 떨어진다.

출산율 발표 때마다 한국은 '재앙'이다. 가장 최근인 2022년 2분기 0.75명이다. 2015(1.24), 2016(1.17), 2017(1.05), 2018(0.98), 2019(0.92), 2020(0.84), 2021(0.81), 나열하기조차 무섭다. 인류 역사에 없는 일이 지금 조국에서 벌어지고 있다. 2020년, 출생아 수(27만), 사망자 수(31만)에서 보이듯이 인구 고점(5,084만) 이후 전체 인구도 벌써 줄고 있다. 결혼 빙하 시대이고 산부인과가 사라진다. 지금 당장이라도 출산 1명당 1억씩 지급하자는 의견도 과히 틀린 의견이 아니다. 그래서 부동산 하락은 매우 고무적이다.

뻐꾸기는 잘 알다시피 둥지를 만들지 않는다. 남(뱁새)의 둥지에 몰래 알을 낳고 떠나 버린다. 뱁새알보다 2일 빨리 부화한 뻐꾸기 새끼는 태어나자마자 뒤늦게 부화한 뱁새 새끼나 덜 부화한 뱁새알을 밖으로 밀어내 버리고 혼자서 뱁새 어미가 물다 준 먹이를 독차지한 뒤 둥지를 떠난다. 이를 '탁란조(托卵鳥)'라고 한다.

해외 동포들은 스스로 이민을 결정했기 때문에 현재의 처지를 천형(天刑)으로 생각하고 모든 걸 스스로 이겨 나가야 한다. 뻐꾸기처럼 어미(祖國)가 몰래 던져 놓지 않았을 뿐 남의 땅에 떨어진 '탁란조'처럼 스스로 버티며 살아남아야 한다.

가을이 되면 고단한 이민자들에게 모처럼의 고국 방문은 마치 친정 나들이와 같다. 선진 한국, K 열풍의 현장인 고국의 실제를 보고 싶고, 친지, 친구들이 그리워 방문한다. 내리자마자 화려하게 변한 한국의 도로, 지하철, 고층 건물들에 대한 외형적인 발전상에 이구동성 매료되는 듯하다. 그것도 좀 더 자세히 보면 타국에서 방문하는 분들끼리만 왁자하다. 며칠이 지나고 보면 생각했던 것과 실제 사이에 뭔가 괴리됨이 적지 않아 보인다.

여러 가지가 있겠지만 얼마 전까지만 해도 대체로 만나면 '부동산' 이야기로 시작해서 부동산 이야기만 듣다가 돌아온다고 한다. 그런데 지금은 깊은 침묵뿐이다. 살고 있는 미국으로 돌아오는 발걸음이 무겁고 갈 때보다도 말수가 확 줄어서 돌아온다.

미국 사회가 불안하면 한국으로 역이민이 늘어난다. 2013년까지는 거의 없던 역이민이 팬데믹 상황에서 황당무계한 미국을 보고 실제로 2019년부터는 연간 6,000명 정도로 늘었다. 한국이 불안하면 해외 동포들은 어떨까. 필자의 단견일지는 모르겠으나 좋아할 해외 동포들은 거의 없다. 떠나왔으니 나 몰라라가 아니다. 해외 현지에서 발만 동동 일손이 잡히지 않는다.

마치 친정 같은 조국이다. 조국이 평화롭고 경제, 외교, 문화적으로 융성하면 어깨가 절로 올라간다. 친정이 이렇게 지속되면 방문 때도, 돌아오면서도 더 안심하고 뿌듯하다. 마치 지갑에 돈이 있으면 안 먹어도 배부른 것과 같다.

해외 동포들의 고국을 향한 마음은 시집간 딸들과 같이 지고지순(至高至純)하다.

2022. 9. 30.

서초구 협의회(김경래 회장)와 자매결연식

홍천군 협의회(김금주 회장) 자매결연식

# 우리는 민주당도 공화당도 아닌 대한당이다

'Dr APPOINTMENT', 영어는커녕 자기 나라말도 글로 쓸 줄 모르는 수많은 중남미 일꾼들이 미국에 와서 가장 처음 배우는 말은 '하우 마치 빠르 아우와(How much per hour?) 시간당 얼마 줄 것이냐?'일 것이다. 이는 인사말이자 생활이다. 그다음이 바로 '닥터 어뽀인먼트'라고 생각한다. 미국에서 매니저 없이 종업원과 직접 비즈니스 하시는 분들이라면 내가 무슨 말을 하려고 하는지를 벌써 알아차렸을 것이다.

미국 인력 시장의 최하층에는 중남미 이민자들이 있다. 2021년 말 현재 미국 인구(34,000만)의 인종별 구성은 백인 2억(60%), 히스패닉 6,200만(19%), 흑인 4,000만(12%), 아시안 1,800만(5.4%), 기타(3%)로 구성되어 있다. 20년 전인 2000년에는 흑인과 히스패닉 인구 각각 13%로 동률을 이루다가 그 후 역전이 된다. 그동안 아시안은 3%에서 5.4%로 증가했다.

한인 동포 사회와 스패니시는 같이 일하는 가족 같은 사이다. 서로 오래 일하다 보면 같은 공간에서 기기묘묘한 사연들이 오간다. 그들이 미국에서 번 돈은 자기 고향으로 대부분 송금을 한다. 과거 우리나라가 어려웠을 때 파독 광부, 사우디 건설 현장을 연상하면 맞다. 나라가 가난해서, 그리고 불안하고, 힘이 없어서 가족들을 부양하려고 미국에 일시 체류한다는 것이 그들을 노동의 그늘로부터 평생 벗어나지 못하게 한다.

그런데 이들이 어느 순간부터인지 자국의 지도자들의 부패 때문에 나라가 어려워지고 국민들이 가난하다고 한숨과 푸념을 한다. 그럴 것이라고 끄덕여 준다. 그런데, '코리안들은 어떻게 모두 부자로 사느냐?'라고 묻는다. '우리는 Dr Appointment 같은 게 없다.' 처음에는 어리둥절한다. 필자의 경험으로는 종업원이 말하는 'Dr Appointment'의 90%는 거짓말이다. 심지어 휴일에도 병원 약속이 있다면서 무단결근을 태연하게 해 버린다. 나는 그런 그들을 빤히 쳐다본다.

그들이 가만히 생각해 보니 '한국인들은 하는 일 제쳐 놓고 병원에 가지도 않지만 그런 '거짓말'을 안 한다.'라는 것이 본질이고 그래서 잘 산다는 뜻이다. 제발 네 조국 욕하지 말고 '너부터' 거짓말 좀 하지 말아라. 알아들을 턱이 없을지라도….

100년 전 하와이 사탕수수 농장에 최초로 이민을 시작했을 때 우리의 이민 선조들도 오죽하면 그랬을까만 꽤나 거짓말을 많이 했던 듯하다. 거짓말은 신용 하락이요, 힘의 상실이고 나라를 병들게 한다. 100년 전 도산이 '죽더라도 거짓말을 하지 말라. 꿈에서라도 했다면 뉘우쳐라.'라고 했던 말을 상기해 보면 그렇다. 신뢰 향상과 한인 커뮤니티의 발전이 비례했다고 본다.

엊그제 영화 〈CHOSEN(초선)〉을 봤다. 화면에 불타고 있는 LA 한인 타운이 보이고, 원로 언론인 한 분이 신문지로 바닥에 치면서,

> '우리는 왜 우리를 대변해 줄 사람이 이 땅에는 단 한 명
> 도 없는 것인가, 젊은 너희들 똑똑히 보아라!'

카메라 앞에서 통탄하는 모습으로 영화는 시작된다. 곧이어 허름한 LA 한인 타운 편의점 앞에 한인 7명이 옹기종기 앉아 있고, 한인 언론 매체마저 외면한 가운데 주인공 '데이비드 김'의 연방 하원 의원 출정 기자 회견이 열리는 장면이 나온다. 이 두 장면으로 이 영화가 전해 주려는 메시지는 충분했다.

2022년 현재 미국의 인구 3억 4천만 중에서 아태계 인구와 그 비율은 다음과 같다. 유태계(760만/2.2%), 중국계(540/1.6%), 인도계(460/1.4%), 한국계(190/0.6%), 일본계(150/0.4%)이다. 연방 상원 의원 100명 중에는 유태계만 10명이 있고 나머지 나라는 없다. 하원 435명 중에는 유태계(27명/6.2%), 중국계(3명), 인도계(4명), 한국계(4명), 일본계(2명)이 있다. 오는 11월 선거에서는 어떤 변화가 생길지 주목된다. 유태계는 아태계로 분류되는 소수계이지만 오로지 그들만을 위하기에도 바쁘다. 그러고 보면 비슷한 아시아 국가 중에서 한국계는 유의미한 약진을 하고 있다. 50여 년 전 유태인들의 세탁소, 그로서리 마켓, 잔디 깎이들을 한인 이민 선배들이 물려받았고, 지금은 이것들이 중남미계로 넘겨지고 있는 중이다. 의원 숫자도 그렇게 될는지…

유태계 상하원 의원 37명과 비교하면 한국계 의원 4명은 아직도 적다. 산술적으로는 15명 정도라야 맞다. 지금도 어디선가 데이비드 김처럼 '대한(大韓)'의 정체와 긍지를 가지고 지치지 않고 무섭게 도전하는 우리의 후진들이 분명히 있다. 마땅히 후원할 한 명이 없어서 외국계 정치인들을 찾아다니던 시절이 엊그제였다.

그가 공화당이든 민주당이든 만약 한국계 의원이 30명만 넘는다면 '민족 통일' 가지고 이렇게 허우적거리지 않을지도 모른다. 아니 민족 통일을 위해서 키워 낼 숙제다.

대한당 만세!!!

2022. 10. 2.

다큐 영화 〈초선〉의 주인공 데이비드 김과 영화 포스터

# 골프와 통일
### (민주평통 골프 대회에 부쳐)

알다시피 골프장의 그린 위 홀(Hole)의 넓이는 108cm이다. 골프가 안 되는 이유도 108개가 넘는다고 한다. 반면 골프가 좋은 이유 또한 108가지를 제시하는 이도 있다. '백팔번뇌'의 골프 이야기는 그 끝이 없다.

한국에서 선배 한 분이 은퇴 후에 '골프와 마케팅'이라는 주제로 그동안 마케팅 현장에서 겪었던 일화들을 소재로 선풍적인 인기 강좌를 열고 그에 관한 책도 열 권을 넘게 저술했다. 그 내용에는 매 홀마다, 한 타 한 타마다 오묘한 세상살이를 모두 적용해 볼 수가 있어서 2시간 강의가 너무나 짧다고 강의 후 뒤풀이에서까지 웃음소리가 그치지 않았던 기억이 있다.

단 한 가지, 골프를 모르거나 안 하는 분이 한 분이라도 그 자리에 있다면 절대적(?)으로 골프 이야기는 피하십시오. '나의 행복은 남의 불행이요, 남의 불행은 나의 행복이다.' 이런 황당한 이야기도 허허 웃으며 횡횡하는 곳이 골프장 필드인데도 말입니다.

술을 먹다 보면 사람이 보이고, 고스톱을 치다 보면 인성을 알 수 있고, 골프를 같이하면 인격이 보인다. 이 글도 또한 마찬가지다. 참 한심스러운 이야기로 들릴 수 있다는 점을 혜량하여 주십시오.

필자는 호기심인지 탐구심인지 얼토당토않은 것에 관심이 많다. 특히 내가 못 할 것 같은 것, 안 해 본 것에 대해서 병적으로 집중한다. 그리고 기어코 저지른다.

골프도 그중에 하나다. 골프는 지금도 그렇지만 다른 운동에 비해서 시작하려고 하면 108가지가 뜯어말리고 가로막는다. 돈 있고 시간 있다고 모두 하는 게 아니요, 돈 없고 시간 없다고 못 하는 것도 아니다. 키크고 힘 좋다고 잘하는 것이 아니요, 키 작다고 못하는 것 또한 아니다.

지금부터 정확히 30년 전, 1992년 1월 새벽 6시 50분, 영하 5도 찬 바람 쌩쌩 부는 익산 골프장, 정식 티오프 시간 전에 매니저가 특별히 빼놓은 티타임에 언 손 호호 불며 타석에 섰다. 나의 골프 인생은 그렇게 시작되었다. 나이 35살, 대기업 과장, 사내 부장 이하 3,500명 사원급에서는 3번째, 과장급 이하에서는 최초다.

그런데 아직까지도 홀인원을 한 번도 못 하고 있다. 아니 평생 못 할지도 모른다. 단 한 군데가 있긴 있다는데 그것도 틀려 버렸다. 바로 금강산 골프장 4번 깔때기 홀, 그린에 올리기만 하면 저절로 들어간다. 그 골프장이 이번 봄에 문 닫아 버렸단다. 스코어는 80~90 사이를 오르락내리락한다.

간덩이가 부어 배 밖으로 나왔다고 수군거렸다.

한번 저질러 버린 일 약점 안 잡히려고 더욱 열심히 하게 만든 것도 골프다. 골프하니까 승진도 잘 되었다. 이것도 말이 된다면 된다.

먼저 오른 자 먼저 내린다고 명퇴당하고 뉴질랜드로 갈까 캐나다로 갈까 헤매고 있는데 골프 같이했던 후배가 다리를 놔줘서 미국 갈 결심을 했다. 시애틀에서 골프하다가 만난 분이 우연히 소개해서 이민 스폰서를 만나고, 스폰서가 있는 메릴랜드로 오게 되었다.

이민 생활 초기에 이것저것 하다가 망하고 뒤집다가 골프장에서 우연히 옆 사람에게 조용히 '뭐, 안 망할 사업 어디 없느냐?'라고 물으니 그런 것 있으면 내가 하지…, 하면서 현재의 사업 아이템을 해 보라고 아는 분 전화번호를 주었다. 그래서 오늘까지다. 골프에서 골프로 건너다닌 것이 강창구 인생이다.

미국 간다고 하니까 골프 맘대로 칠 것이라고 부러워했다. 골프는커녕, 내일 무슨 일이 닥칠지 모르는 황량한 초기 이민 생활, 식구들 눈치 보면서도 기를 쓰고 나간다고는 했지만 주말마다 꼬박 다녔던 한국에서보다 횟수가 현저히 적었다. 중간에 몇 년씩은 1년에 서너 차례 시늉만 한 적도 있었다.

정치 이야기, 사회 이야기, 무역 경제 이야기에 찌들고 성가실 때는 음악과 미술, 체육 등 예술로 힐링하는 게 좋을지도 모릅니다. 더군다나 핵 문제, 통일 문제까지 더해지면 고개부터 절레절레한다. 막히면 돌아가는 것이 순리입니다. 그래서 문화 예술, 체육으로 접근하는 것을 그렇게도 권장합니다.

특히 골프는 한국인들과 상당히 궁합이 맞는 운동이라고들 합니다. 남녀 선수들이 세계 톱 수준입니다. 문화 예술도 그렇지만 골프 또한 너무 긴장하고 강제하면 안 되는 운동이기도 하지요. 텍사스 댈러스에서 2022년 5월에 열린 '세계여성 콘퍼런스'에서 남북 여자 골프 대회 개최를 분임 토의안으로 발표했던 게 생각납니다.

이번에 저희 민주평통 워싱턴 협의회에서는 평화통일 축전 행사의 일환으로 아주 멋진 골프장에서 여러 후원자님들을 모시고 골프 대회를 합니다. 미 동부의 단풍과 가을 하늘, 한국 골프장과 가장 흡사한 '그림처럼 영화처럼 멋지고 아름다운 곳'으로 여러분을 초대합니다. 특히 골프를 안 하시는 위원님들께서 오셔서 같이하시면 참 좋겠습니다. 집 옆의 널려 있는 골프장도 필드에 구경 나가려면 돈 내고 들어가라고 합니다. 피크닉으로도 그만입니다. 골프 카트 타고 골프장 능선을 달려 보세요. 사진 배경으로도 최고인 골프장에 여러분들과 함께하고 싶습니다.

그늘집에서 수고하시는 위원님들과 가던 길 멈추고…,
골프장 산상에서 손수 밤새워 만든 회 접시가 인기였다

골프 대회 포스터

# 헤어지면 그리웁고,
## 한국 방문 후기(1)

만나보면 시들하고~ 몹쓸 것 이내 심사, 믿는다 믿어라
변치 말자 누가 먼저 말했던가~~

순정의 대명사 '청춘'의 세레나데, 남인수의 〈청춘고백〉 한 대목이다.
이 나이에 무슨 청춘 타령일까만 그 대상만 다를 뿐 매번 한국 방문을 마
치고 돌아오는 비행기에 몸을 싣고 유리창에 기대는 순간 드는 상념이
다. 한국 방문 계획이 잡히면 그 몇 달 전부터 들뜨기 시작한 마음은, 시
집가서 하나둘씩 늘어난 아이들을 업고 걸리고 산 넘고 물 건너 몇 년 만
에 친정 가는 기분이 이랬었을까. 형언키 힘든 설렘과 그리움들로 평소
보다 마음이 배나 부푼다.

이번 한국 방문은 5년 만이었다. 또한 이는 20년 전 손에 손에 이민 트
렁크 하나씩 들고서, '가련다 떠나련다, 어린 아들 손을 잡고…' 조국을
떠나왔던 '12월 4일'과 공교롭게 겹치는 기간이기도 했다. 그러니까 딱
'이민 20년' 만에 나가는 셈이기도 하다. 강산이 정말 두 번 변했을까?

한국 방문기를 너무 많이 들어서 식상할지라도, 정갈해진 도시와 건

물들의 칼라, 조화로운 길, 강남대로의 화려 웅장함, 어디를 가나 휴지 하나 없이 깨끗한 도로, 휴지통도 없는데 왜 그럴까 아직도 그 이유를 잘 모르고 돌아왔다. 어디를 가나 공중화장실의 상태는 천국이 이럴까 싶다.

거미줄처럼 얽혀진 서울 지하철의 자산 가치와 운영은 이미 상상의 차원이 아니다. 가장 최근에 건설된 9호선, 이미 3호선 7호선이 교차하는 '고속터미널역'을 만든 일화를 언뜻 듣고 보니 그렇다. 기존의 두 지하철 3, 7호선의 위아래의 여유가 15cm밖에 안 되는 사이를 9호선이 지나도록 해야 하는데, '3, 7호선 무정차 공법'으로 건설한 것은 한국만이 가능한 수학이다.

그런가 하면 강원도 홍천—동해안 양양까지의 71km 고속도로는 52km가 터널이다. 터널 비중이 73%이니 하늘 보는 것이 오히려 드물었다. 험준 산령 태백산맥 아래로 71km의 4차선 고속도로 터널이라고 보면 맞다. 11km짜리 터널도 있었다. 세계 최고의 터널 기술 보유국이다.

한편 육상과 지하철의 터널 못지않게 섬과 섬 사이를 잇는 교량 공사 또한 발군이어서 '섬마을 선생'은 이미 전설이 되어 버렸단다. 좌우지간 세계 최고의 교량 건설 기술 보유국이다. 보이는 것만이 전부가 아니라는 시각도 있지만 보이는 것도 아주 중요하다. 자본과 기술이 있어야 가능하고 그 투자가 재생산되는 게 자본주의 시스템의 선순환 구조이다. 효율적 국토개발과 자산가치를 높여서 국민들의 삶의 질을 높인다는 점에서는 이론의 여지가 없다 하겠다.

10여 년 전 인허가와 착공 과정에서 말도 많았던 세계 5번째 높이 '롯데월드타워', 예전의 여의도 63빌딩의 2배 규모를 넘는 서울의 새로운 랜드마크다. 그 121층 위에서 내려다보니 저 발아래 40층 빌딩들이 손에 든 셀룰러폰처럼 작았고, 그 즐비한 고층들 뒤에 납작 엎드려 있는 10층 이하짜리 중층 건물들은 차마 헤아리기조차 슬프도록 초라해 보였다.

짧은 순간이나마 이 거대한 바벨탑이 마치 내 것인 양 높이에 따른 우쭐함과 우월감, 빗나간 선민의식에 젖다 보니, '이런 거대한 구조물을 가진 진짜 주인은 누구인가' 하는 생각이 들었다.

준공을 앞두고 건물이 흔들리느니, 석촌호수의 물이 줄어들었다느니 해서 난리였었다. 창업자이자 건물주인 신격호 회장은 이미 고인이 되어서 건물 입구의 벽에 걸려 있었다. 그런데 그 롯데가 최근 어느 지자체장의 무책임한 말 한마디에 재정적으로 휘청인다는 소식을 들었는데 지금은 다소 잠잠한 상태이다. 건물 높이만큼이나 아슬아슬하고 또 조마조마하다.

노아의 후손들은 다시는 대홍수를 내리지 않겠다는 하느님의 말씀을 믿지 않고 홍수를 피하겠다고 바벨탑을 높이 쌓아 올렸다가 신으로부터 큰 벌을 받는다. 그때까지는 온 땅의 언어가 하나요, 말이 하나였었는데, '서로 말을 알아듣지 못하게 하는 벌'을 받아서 바벨탑도 무너지고 전 세계로 흩어져서 다른 언어를 쓰고 갈등과 전쟁을 일삼게 된다.

롯데타워의 주인은 이제 어느 특정인이나 기업이 아니다. 나라의 상징이요 국민의 자긍심이다. 단체나 기업, 또는 국가와 인류가 '소통과 이해'의 부족으로 '평화가 깨지려는 순간' 각자의 영역에서 모든 말과 행동을 중화시켜서 혼돈과 아수라를 막아 내야 한다. 모국, 또는 친정 방문이나 데이트에서 돌아오는 발걸음이 신나고 재충전되어 오지 못하고 시들함을 넘어 조마조마한다면 보내는 사람이나 돌아오는 사람이나 피차가 힘들다.

소통이 없으면 어느 한 곳이 무너지는 것도 모르게 된다. 121층까지 1분에 도달하는 엘리베이터 같은 '하의상달'이 없다면 시멘트 덩어리 흉물일 뿐이다.

'소통', 이 시대의 화두이자 답이다.

2022. 12. 15.

롯데월드 121층 스카이에서 아가씨가 그려 준 캐릭터

# 슬로비디오, 느림의 미학
## 한국 방문 후기(2)

너무나 순식간이어서 골이 언제 어떻게 들어갔는지도 모르겠다. 이럴 때는 현장보다도 집에서 TV로 보는 편이 더 낫다. 포르투갈과 조별 예선 마지막 경기였다. 지면 탈락, 이겨도 같은 조의 가나가 우루과이에게 2점 이상 차이로 지지 않아야 한국이 16강에 진출하는 경기, 경기 경험적 측면과 확률적으로는 5%의 가능성도 없는 경기에서 강적 포르투갈을 2:1로 이겼다.

다시 이 경기 동점 골 상황을 보자. 이강인의 센터링이 방어하던 호날두의 등에 맞고 떨어진 걸 김영권이 밀어 넣어서 동점 골을 만들었다. 이런 호날두의 활약(?) 때문에 극성팬들에 의해 '한국 주민증'이 인터넷에 돌아다니고 난 뒤에야 그런 사실을 알 수 있었다. 또 후반 추가 시간에 손흥민이 50미터 단독 드리블 때 3명의 수비수 발 사이로 황희찬에게 밀어주려는 아주 짧은 순간 '멈칫하며' 황희찬의 쇄도를 알아차리는 '찰나'를 육안으로는 확인이 거의 어렵다. 다시 슬로비디오로, 그것도 유심히 봐야 알 수 있는 대목이다.

골프 치는 와이프에게 아무리 스윙 교정을 설명해 봐야 더 심해지면 그 길이 이혼 길(?) 될 수도 있다. 옆과 뒤에서 동영상 촬영을 한다. 그래도 뭐가 잘못되었는지를 모른다. 슬로비디오로 촬영해서 보여 준다. 말이 필요 없고 훨씬 전달이 빠르다. 억지 같지만 느린 것이 더 정확하고 빠르다.

앞 전 글에서 서울 지하철에 대한 시스템과 하드웨어에 대한 내용을 조금 올렸다. 이제는 거의 신체의 일부처럼 되어 버린 지하철 문화에 대한 이방인의 말똥거림은 미국에 돌아온 뒤로도 아직까지 어지럽다.

한국의 관문 인천공항에 도착하니 입국 절차가 있었나 싶다. 거의 논스톱으로 걸어 나왔다. 속도감이 확실히 다르다. 반가운 한글 안내판, 간판들, 낯익은 피부색, 이윽고 지하철 출입구, 주머니에서 지갑을 열고 '교통카드'를 꺼내는 경우는 아주 드물다. 대개는 통화를 하다가도 셀룰러폰을 개찰구에 쓰윽 대고 들어간다. '한 번에 하나의 카드만 사용하세요.' 하더니 덜커덩 출입구가 막힌다. 아직도 그게 무슨 뜻인지 모른다. 교통카드에 잔액도 충분한데 뭐가 잘못되었는지 두리번거리게 한다. '급행열차는 여기서 갈아타세요.' 지하철에도 복선이 있나? 이건 또 뭐지, 이건 물어보지도 못하고 돌아왔다.

조국 속의 이방인, 유심히 보지 않아도 딱 보면 티가 났다. 특히 지하철에서 그랬다. 머리는 희끗희끗하지 옷은 언제 밖에서 서성거리게 될지 몰라서 두 겹 세 겹 껴입은 채 들고 있는 가방은 좀 커야지…, 이 복잡한 출근 시간에…, 나도 모르게 쭈뼛거려진다. 혼잡스러운 출근 시간에 젊은 사람들에게 괜히 미안하다. 교통카드로 돈도 내고 탔지만 '공짜 노인(?)' 손님으로 보는 것 같아서 지레 무안하다.

나 때에는 지하철 5호선까지만 알고 서울을 떠났었다. 전형적인 '나 때'인 셈이다. '꼰대 세대'가 격조 높게도 '라떼 세대'로 불린다는 것도 이번에 알았다. 나 때들의 고국 방문은 이래저래 해프닝의 연속이다. 어디서 갈아타고 어디서 내리는지를 두고 몇 번이고 보고 또 봐도 금방 잊어먹는다.

전철을 타고 나서도 좌불안석이다. 역 안내 방송이 나올 때마다 모두다 셀룰러폰에 눈 박고 있는데 목적지가 한참이나 남아 있는데도 안내 스크린을 보려고 고개를 길게 빼물고 혼자만 두리번거린다. 딱 봐도 전형적인 이방인이다.

남자들은 여성에 비해서 상하좌우의 공간 감각이 낫다고는 하지만 지하 3층 정도 계단을 꽈배기처럼 틀어 내려가면 방향 감각이 전혀 없어져버린다. 허둥대고 말고도 없다. 그렇게 보고 또 살피고 탔는데도 반대 방향으로 타고 한참 가다가 되돌아온다. 그렇게 몇 번 저지르고 나면 정신이 하나도 없다.

'도대체 나는 누구인가.'

3주 만에 다시 미국 공항에 내리니 입국 수속장부터 애통이 터진다. 느리다. 보통 느린 게 아니고 슬로비디오다. 원래는 이게 정상인데도 벌써 느림에 대한 푸념과 망각적 간사함이 무심코 튀어나온다. 그 사이에 한국 스피드에 익숙해 버린 건가, 피식 웃는다. 낯익은 집골목, 멀리 집이 보인다. 다음 날 아침 밀렸던 잔무 때문에 일찍 집을 나서기 위해 운전석에 앉고 나니 모든 게 제자리를 찾은 느낌이다. 정상 속도를 찾은 것이다.

너무 빨랐다. 따라잡을 엄두도 못 내고 일정에 쫓겨 돌아왔다. 지금도 멍하다. 너무 빨리빨리 하다 보니 너무 빨리 잊어버리는가.

1970년대에, 남한에서 '때려잡자 김일성, 무찌르자 공산당.' 하면, 북에서는 '미제를 축출하고 남조선을 해방시키자.'로 되돌아온다. 그렇게 장군 멍군 70년 세월이다. 이제는 말도 필요 없다는 듯이 미사일로만 주고받는다. 그리고 해석을 제각기 맘대로 한다.

그런데 가만히 보니 소위 '적화야욕(?)'이란 것도 부지 부식 간에 사라져 버렸다. 북한에서는 싸움을 먼저 안 걸겠다는 이야기는 벌써 한참 되었다. 저 말이 진정일는지는 모르겠으나 격세지감이다. 경제제재도 좋으니 제발 자기들만 살려 달라는 뜻까지도 내비친다. 살려 주고 말고를 남한이 결정할 것도 아니지만 그런다. 그러는데도 구태여 때려눕히겠다고 한다면 어떻게 나오게 될까?

먹고 쓰고 남으면 남을 도울 수 있다고 생각한다. 그래서는 평생 못한다. 작은 것이나마 나누려고 하면 얼마든지 나눌 게 많다. 그런 마음들이 많아야 사회가 아름답고 따뜻하다. 이게 평화다. 있다고 뽐내 봐야 처다보는 사람이 없다. 힘 있고 가진 자가 어떻게 하는 것이 연말연시, 엄동설한을 같이 이겨 낼 수 있을 것인지는 잊힌 고전으로만 흘러버릴 일이 아니다. 강자의 여유와 배려 같은 것은 4배속 스피드 사회에서는 파고들 틈이나 여지가 없어 보이기도 한다.

입장을 조금 바꾸어 보자. IRA(현대 전기차), 반도체 법(삼성, 하이닉스)은 한국 국민의 식량이나 다름없다. 한국의 경제가 더 어려워지게 되면 가진 자의 횡포에 대한 반감이 서서히 점증할 것은 당연하다. 이런 '불편한 진실'을 나만 느끼고 돌아왔을까. 약자는 관계 개선의 한계가 있다. 하늘만 쳐다볼 수밖에 없는 처지에서 인생도 알고, 역사도 배운다.

南북 관계, 韓미 관계, '그 상수(常數)는 南韓이다.'

# '사랑에 속고 돈에 울고'
## (저출산, 민족의 운명이다)

결혼을 반드시 해야 한다(?) 17.6%의 국민들이 그렇게 답했다. 국민 10명 중에 2명도 안 된다. 물론 가급적 하는 게 좋다(47.4%), 원치 않으면 안 해도 된다(35.0%)가 있지만 1996년 같은 조사에서의 36.7%에서 17.6%로 계속 떨어지고 있다. 자녀는 반드시 있어야 한다(61.7%), 이 또한 2006년 조사(84.1%)보다 22.4%나 낮아졌다. (문체부 12/19/2022 발표, 한국인의 의식 가치관 조사)

우리 사회가 최우선 해결해야 할 문제는 뭐라고 보는가, 예상했던 대로 '경제적 양극화'가 심각하다(88.6%). 10명 중 9명이 그렇게 느낀다. 조사의 신뢰 수준을 감안하면 거의 100%가 그렇게 느낀다고 보면 맞다. 예전처럼 반반이라면 핑계나 연구 거리라도 되겠지만 현재 잘나가는 사람도 정도의 차이만 있을 뿐 불안감과 심각성을 동시에 느끼고 있는 것이다. 특히 청년들의 양극화 문제는 나라의 미래를 절망으로 내몰고 있다.

겉보기에 서울에서는 그런 걸 전혀 느끼지 못했다. 오히려 생기발랄하고 활기가 넘쳤고 젊음의 거리에는 쌍쌍이 그룹으로 물결을 이루고 있었다. 그런데 대한민국이 서울만 있는 게 아니다. 서울도 좀 더 자세히 들여다보면 청년들의 생활이 천차만별이요, 벌써 청년 세대끼리에서 느끼는 격차가 하늘과 땅만큼이다. 학교생활 때는 드러나지 않지만 학교를 졸업하는 순간부터 확연해진다. 지방은 비교조차 불편하다. 시골로 가 보면 차마 설명이 필요 없다. 거의 태반이 외국 출신 젊은이들이다. 미국도 이민자들이 노동의 저변을 담당하지만 그것은 대도시 밀집 지역의 이야기다. 지방, 시골일수록 이민자들이 거의 없는 전형적인 미국 백인들뿐이다.

'인구는 기하급수적으로 증가하나 식량은 산술급수적으로 증가해 기근과 빈곤, 악덕이 생긴다.' 영국 고전파 경제학자 토마스 맬서스《인구론》에 나오는 유명한 구절이다. 인구 억제론의 대표적 명제였다. 지금도 그 여세가 지속되는 지역(후진국)이 있으니 한국의 초저 출산율을 뭐라고 설명해야 할지 모르겠다. 알다시피 출산율은 국가경쟁력과 직결되는 문제다. 세상에 '해결책이 없는 문제는 없다.'라는 공론마저 시간이 아깝고 두렵다.

지난 16년 동안 이의 해결을 위해 연평균 16조 원씩 260조 원을 투입했는데도 0.8명(2021)이다. 2022년에 0.7명대가 되었고, 2023년에 0.6명대가 될 것이라는 절망적 예상도 하고 있다. 정부도 추가적인 지원책을 내놓고 있지만 어떤 유의미한 변화가 있을지 주목되는 지점이다. 2021년 통계에서 지자체 출산율의 최저인 서울은 0.6명이고, 최고의 세종시 출산은 1.3명으로 서울의 2배다. 동일한 정부 정책만으로는 설명되지 않는 부분이다.

이런 상황과 처지다 보니 같은 조사에서 통일에 대해서도 물어보면, 통일을 서두르지 말자(53.3%), 통일할 필요 없다(36.6%), 가급적 빨리해야 한다(10.1%)는 답이 나왔다. 가는 곳마다, 시간 날 때마다 통일을 해야 민족의 미래가 열리고, 세계 5위의 초강대국에 곧바로 진입하고, 자본의 유입과 일자리가 해결될 것이라는 이야기는 달나라 이야기로 치부되어 버렸다. 정신 나간 소리인 것이다.

언제까지 1930년대 신파와도 같이 남북한은 서로 간에 70여 년간을 '사랑에 속고 돈에 울고'(홍도야 우지 마라)만 되풀이할 것인가, 제재와 포용 중에서 제재는 얼른 눈에 보이고 화끈해 보인다. 이에 반해서 포용은 실속도 없어 보이고, 설명이 훨씬 더 길어진다. 사랑을 말로만 하다가는 출산율은 물론이고 나라와 민족이 결딴나게 생겼다. 2030년이 되면 인구 5천만 명이 무너지고 선진국 5030 클럽에서 탈락할지도 모른다.

'사랑을 돈으로 환산하는 방법과 법칙'을 연구하는 편이 통일을 설명하는 가장 빠른 길이라는 생각마저 든다.

또 한 번 반성하는 의미를 담아서 정신 나간 말을 하자면, 돈이 있어야 사랑이 생기는 게 아니고 사랑을 해야 돈도 생기고 나라도 구한다. 복잡하고 귀찮다고, 밥도 굶고, 사랑도 않고, 결혼, 자녀도 모두 포기하고 각자가 서로 미루기만 하면 불원간에 자신조차 부정해 버리게 된다는 것이 조국 대한민국이 처한 인문학적인 고민이다.

우리 나갈 길 멀고 험해도 깨치고 나가 끝내 이기리라.

2022. 12. 26.

# 오피니언 Opinion

결혼을 반드시 해야한다(?) 17.6%의 국민들이 그렇게 답했다. 국민 10명중에 2명도 안된다. 물론 가급적 하는 게 좋다(47.4%), 원치 않으면 안해도 된다(35.0%)가 있지만 1999년 같은 조사에서의 36.7%에서 17.6%로 계속 떨어지고 있다. 자녀는 반드시 있어야 한다(61.7%) 이 또한 2006년 조사(84.1%)보다 22.4%나 낮아졌다. (문체부 12/19'22발표, 한국인의 의식 가치관 조사)

우리 사회가 최우선 해결해야 할 문제가 뭐냐고 보는가. 예상했던 대로 '경제적 양극화가 심각하다(68.6%). 10명중 7명이 그렇게 느낀다. 조사의 신뢰 수준을 감안하면 거의 100%가 그렇게 느낀다고 보면 맞다. 예전처럼 반반이라면 핑계나 연구거리라도 되겠지만 현재 잘 나가는 사람도 정도의 차이만 있을 뿐 불안감도 심각성을 동시에 느끼고 있는 것이다. 특히 청년들의 양극화문제는 나라의 미래를 절망으로 내몰고 있다.

걸보기에 서울에서는 그런 걸 전혀 느끼지 못했다. 오히려 생기발랄하고 활기가 넘쳐고 젊음의 거리에는 쌍쌍이 그룹으로 물결을 이루

강창구
워싱턴 평통 회장

에 0.7명대가 되었고, 2023년에 0.6명대가 될 것이라는 절망적 예상도 하고 있다. 정부도 추가적인 지원책을 내놓고 있지만 어떤 유의미한 변화가 있을지 주목되는 지점이다. 2021통계보면 지자체 출산율의 최저인 서울은 0.6명이고, 최고의 세종시 출산은 1.3명으로 서울의 2배다. 동일한 정부정책만으로는 설명되지 않는 부분이다.

이런 상황과 처지 보니 같은 조사에서 통일에 대해서도 물어보니, 통일을 서두르지 말자(53.3%) 통일 할 필요없다(26.6%), 가급적 빨리해야 한다(10.1%)는 답이 나왔다. 가는 곳이다. 시간날 때마다 통일을 해야 민족의 미래가 열리고, 세계 5위의 초강대국이 곧바로 진입하고, 자본의 유일과 일자리가 해결될 것

## '사랑에 속고 돈에 울고'

고 있었다. 그런데 대한민국이 서울만 있는 게 아니다. 서울도 좀 더 자세히 들여다 보면 청년들의 생활이 천차만별이어다. 벌써 청년세대끼리에서 느끼는 격차가 하늘과 땅만큼이다. 학교생활에는 드러나 않지만 학교를 졸업하는 순간부터 확연해진다. 지방은 비교조차 불편하다. 시골로 가볼 차 설명이 필요없다. 거의 태반이 외국출신 젊은이야. 미국도 이민자들이 노동의 저변을 담당하지만 그것은 대도시 밀집지역의 이야기다. 지방, 시골일수록 이민자들이 거의 없는 전형적인 미국 백인들뿐이다.

'인구는 기하급수적으로 증가하나 식량은 산술급수적으로 증가해 기근과 빈곤, 악덕이 생긴다' 영국 고전파 경제학자 토마스 맬더스 '인구론'에 나오는 유명한 구절이다. 인구억제론의 대표적 명제였다. 지금도 그 여세가 지속되는 지역(후진국)이 있으니 한국의 초저출산을 뭐라고 설명해야 할 지 모르겠다. 아다시피 출산율은 국가경쟁력과 직결되는 문제다. 세상에 '해결책이 없는 문제는 없다'는 공론까지 시간이 아깝고 두렵다.

지난 16년동안 이의 해결을 위해 연평균 16조원씩 260조원을 투입했는데도 0.8명(2021)이다. 2022년

이라는 이야기는 달나라 이야기로 치부되어 버렸다. 정신 나간 소리인 것이다.

언제까지 1930년대 신파와도 같이 남북한은 서로간에 700여년간을 '사랑에 속고 돈에 울고'(홍도야 우지마라)만 되풀이할 것인가. 제재와 포용중에서 제재는 일단 눈에 보이고 화끈해 보인다. 이에 반해서 포용은 실속도 없어 보이고, 설명이 훨씬 더 길어진다. 사랑을 말로만 하다가는 출산율은 물론이고 나라와 민족이 결판나게 생겼다. 2030년이 되면 인구 5천만명이 무너지고 선진국5030클럽에서 탈락한다. '사랑을 돈으로 환산하는 방법과 법칙'을 연구하는 편이 통일을 설명하는 가장 빠른 길이라는 생각마저 든다.

또 한번 반성하는 의미를 담아서 정신나간 말을 하자면, 돈이 있어야 사랑이 생기는 게 아니고 사랑을 해야 돈도 생기고 나라도 구한다. 복잡하고 귀찮아진 밥도 굶고, 사랑도 않고, 결혼, 자녀도 모두 포기하고 각자가 서로 미루기만 하면 불원간에 자신조차 부정해 버리게 된다는 것이 조국 대한민국이 처한 인문학적인 고민이다. 우리 나갈 길 멀고 험해도 깨치고 나가 끝내 이기리라.

# 2023,
# 사람이 곧 하늘이다

# 2023 신년사

그럼에도 불구하고 통일입니다.

애기애타(愛己愛他), 자기를 사랑하는 사람이 타인도 사랑하고, 타인을 사랑하려면 자신부터 사랑하자, 도산 안창호 선생이 100여 년 전에 미국에서 했던 말입니다.

남북이 서로 사랑하는 게 그렇게 어렵다면 자신부터 사랑하고 주변과도 먼저 사랑합시다. 그날이 언제가 될지도 모르는 통일, 가령 30년 후에 통일이 된다면, 그 30년간의 분단 비용은 단 한 번 들어가는 통일 비용과는 비교가 안 되게 많습니다. 민족의 빚이요, 후세들의 짐입니다.

경제적으로 어려울수록 발상을 전환해서 나라와 민족의 평화와 번영을 꾀할 수 있는 희망찬 한 해를 동포 여러분과 기원합니다.

워싱턴 민주평통은 새해에도 동포 사회와 함께하겠습니다.

2023. 1. 1.

## "청년 강연회·한미포럼 등 개최키로" 워싱턴 평통, 신년하례식 및 정기회의

민주평화통일자문회의 워싱턴협의회(회장 강창구)는 19일 버지니아 스프링필드 소재 스프링필드 컨트리클럽에서 '신년하례식 및 1분기 정기회의'를 개최했다.

이날 회의는 45명의 자문위원들이 참석한 가운데 성원보고, 강창구 회장의 개회사, 김병래 서울 서초구 협의회장과 김금주 강원도 홍천군 협의회장의 영상인사, 1분기 주제 영상 상영, 설문지 작성 및 토론, 향후 사업계획 발표 순으로 진행됐다.

강창구 회장은 "위원들이 항상 화합하는 워싱턴 평통이 되고 리더로서 책임감을 갖고 남은 임기동안 협의회를 잘 이끌어 가도록 최선을 다하겠다"고 인사말을 했다.

이어 '2023년 남북관계 전망과 한국 정부의 과제' 주제로 상영된 영상에서 대북정책의 투명성, 북한인권의 실질적 증진 노력, 분단이 낳은 문제해결 노력, 탈북자들의 사회적응을 위한 안전망 확대, 남북한 교류 확산, 통신 개방, 한반도 기후 환경 공동대응, 젊은 층이 통일

19일 열린 워싱턴평통 1분기 정기회의의 참석자들(앞줄 왼쪽서 네 번째가 강창구 회장).

문제에 관심을 갖도록 공감대를 형성해 지지기반을 확충, 현재 처해 있는 남북한의 위기 문제를 대화로 해결하는 등 남북관계의 전망과 한국 정부의 과제를 생각해 보는 시간을 가졌다. 이후 위원들은 배포된 남북관계 전망에 대한 설문지를 작성한 후 토론하는 시간을 갖기도 했다.

올해 워싱턴 평통에서 진행하는 사업은 평화통일 볼링대회(3월19일, 보아메리카 페어팩스), 청년과 함께 하는 평화통일 강연회(4월15일, 워싱턴한인커뮤니티센터), 한미포럼(5월1일~3일), 통일 골든벨(5월20일, TJ과학고 문일홈 체육관), 평화통일 운동회(6월 중 캐더락 파크), 청소년 역사탐방(8월12일), 광복절 기념 강연회(8월13일) 등으로 확정 발표했다.

〈윤양희 기자〉

프로그램이나 행사 관련 기사들을 빠짐없이 실어 주신 워싱턴 한국일보, 중앙일보, Hi USA, MANNA24시, 언론계 여러분께 감사합니다

# 지치지 말고 기승전 통일이다.

'가장 친한 친구와 싸웠을 때, 어떻게 하는가?' '누가 먼저 화해하는가?'

지금은 어떻게 변했는지 모르지만 기업 채용의 조건들은 대개가 비슷한 절차와 과정을 거친다. 접수, 시험, 면접의 순서가 그것이다. 채용의 마지막 관문인 면접, 위 두 가지 정도의 질문으로 면접을 마친다. 이제 막 사회에 진출하는 피면접자는 당황스럽겠지만 객관적인 능력 검증은 이미 마쳤기 때문에 면접 시의 질문의 내용은 아주 일상적이고 평이한 질문이 좋다. 대답하는 데 고민을 많이 할 필요도 없는 질문(?), 그렇지만 그 성격을 가늠해 볼 수 있었던 이것이 나의 질문이었다.

'싸움을 만들지 않는다.' '싸우면 친구가 아니다.' '원인을 따져 본다.' 짧은 질문에 수많은 대답과 다면적인 판단과 선택이 놓인다.

면접자의 지극히 주관적인 경험의 범주와 한계가 분명함에도 불구하고 사람이 사람을 평가한다는 게 쉽지 않다. 누군가는 그 일을 해야 하기 때문에, 어떤 회사에서는 '관상가'를 커튼 뒤에서 지켜보게 했다는 일화는 유명하다. 인사 업무나 많은 사람을 대해야 하는 마케팅 업종 종사자는 비록 그것이 개인적 편견이든 경험치든 간에 어느 정도 '감(?)'을 가지게 되고 근거도 불분명하지만 한편으로는 설득력도 있다.

적재적소를 위해서는 기업이 찾는 인재도 중요하지만 본인의 희망도 우선해서 고려한다. 독립적인 업무와 팀워크가 필요한 업무 등 아주 다면적이고 입체적으로 '검증'하고 채용을 한다. 이게 당사자와 회사 서로에게 좋다. 그렇지만 충분치 못하다. 이에 대한 끊임없는 연구가 지속되고 있는 이유이다.

연말연시에 두루 덕담들이 오간다. 본인의 '본인에 대한 소망'을 상대에게 전하는 경우가 허다하다. 건강도 그렇고, 평화도 그렇고, 사랑도 그렇다. 아마도 필요와 절실함이 클수록 더 많은 분들께 메시지를 보낼 것 같다.

항상 강조해 온 바이지만 분란과 분열과 갈등은 가까이로부터 잉태한다. 물리적, 지역적, 동시성이 결합하는 지점이 그래서 중요하다. 가장 친한 친구, 가족, 눈뜨면 마주하는 일터에서부터다. 가까이서 보지 않으면 립스틱인지, 고춧가루인지 구분을 못 하지만 가까이서 자세히 봐야만 알 수 있는 이치와 같다.

따지고 보면 멀리 있고 하등의 상관이 없는 관계는 그럴 필요도 없으니 당연하기도 하다. 그래서 '남 대하듯 하라.'라고 한다. 그게 말은 쉽다. 이래저래 고민만 깊다. 고민 끝에 새해부터는 '세상과 단절하겠다.'라는 '위대한'(?) 결단을 하는 주변도 더러 있다.

언젠가부터 글 제목에서 시사하듯이 기승전 통일이 되어 버렸다. 일상 내내 통일만 생각하다 보니 가장 지루하고 재미없는 담론으로 비켜서 있는 듯하다. 그렇지만 단 하루도 이와 관련 뉴스가 빠지지 않을 정도로 민족이 머리 위에 얹고 살아가는 문제 또한 이것이다. 피해서 될 일도 아니다.

믿음과 소망과 사랑 중에 그중에 제일은 사랑이라. (고린도전서 13장 13절) 또한 그중에 믿음은 으뜸이다. 수많은 국가들 중에서 가장 가까워야 할 남북한이 서로에 대한 신뢰없이 갑돌이 갑순이 타령, 견우와 직녀 타령만 하고 있는 것 같다.

물론 항상 좋을 수만은 없겠지만 친구와 사이좋게 지내는 것 이상으로 싸우려고 하거나, 틀어졌을 때 어떻게 빨리 관계를 복원하느냐 하는 것도 싸움 이상으로 중요하다. 가족 간에도 그렇고, 남북한도 마찬가지다. 싸우지 않을 수 없는 세상, 어디까지 어떻게 할 것인가는 각자의 선택이겠지만 싸우지 않아도 될 상황을 만드는 것은 그 격조와 차원이 다르다.

# 사람이 곧 하늘이다(人乃天)

'침묵은 한량없이 깊은 언어입니다. 가는 자 돌아오기를 바라지 않네.'

출처가 불분명한 이 짧은 문장이 말 많고 혼란한 시절을 살아 나가는 데 다소의 힐링(치유: 治癒)이 된다. 근자에 규모와 성격이 다르지만 필자와 관련 있는 미국의 2개 단체에서 좀 떠들썩한 일이 생겨서 그 리더의 신상에 문제가 생겼다.

단체의 성격과 규모에 관계없이 사회 일반의 규범적 토대는 헌법(憲法)이다. 대한민국 헌법 1조는 1항 대한민국은 민주공화국이다. 2항 대한민국의 주권은 국민에게 있고, 모든 권력은 국민으로부터 나온다. 사실 2항까지도 필요 없다. 2항은 제1항에 대한 설명이다. 권한과 책임, 권한과 의무는 글자만 다를 뿐 서로 떼어 놓을 수 없는 것이 '공화정'의 핵심이다. 자고(自古)로 백성들은 피땀 흘려 일하고 국법에 의해서 정해진 세금을 자신은 굶더라도 내야 하고 내야 했다. 법으로 정해져서 반드시 내야 할 의무도 있지만 자신의 생명과 재산을 보전받기 위해서도 그런다. 조직과 단체도 유사하다.

세금(회비)을 낸 국민으로부터 그 권한을 잠시 '위임(委任)'받아 성실하게 직분을 행하는 것이 공화정이다. 왕정에서는 행정, 입법, 사법 모든 것의 중심은 왕(王)이다. 그런데 공화정에서는 그렇지가 않다. 그렇게 보인다거나 그렇게 생각하는 사람은 적어도 100년 전의 세계에 머물러 있다고 봐도 좋다. 왕정(王政)과 공화정의 근본적이 차이가 바로 이점이다.

그런데 말이 쉽지 그게 잘 이루어질 리가 없는 것이 현실이다. 그래서 만들어진 것이 법(法)과 규정(規定)이다. 변화 많은 세상에 그 수많은 경우를 모두 다 법으로 규정하는 것은 거의 불가능하다. 그럼에도 소통과 절차상의 번거로움을 피하고 효율을 강조하면서 그 짧은 법으로만 모든 문제를 이해하고 해결하려고 하는 사람들이 참으로 많다.

신의칙(信義則), 즉 '신의성실의원칙'은 공동생활의 일원으로 상대방의 신뢰에 반하지 않도록 행동해야 한다는 법률적 용어다. 법과 도덕의 조화를 꾀하려고 만든 원칙이다. 이를 상위자가 어길 때는 권한 남용에 대한 처분이 뒤따른다.

두 단체의 문제는 공히 사건의 본질보다는 '소통(疏通)의 문제'에서 비롯되었다는 것이 필자의 소견이다. 건의 문화(建議文化)의 미성숙과 리더의 이해 부족이 순식간에 건의가 불평(不評)이나 불경(不敬)으로 내쳐져 버렸다. 한국 사회에서는 건의가 이루어지기까지는 상당 기간 문제의 본질이 잠복되어 있는 경우가 많다. 어렵게 꺼낸 건의에 대한 가납(嘉納)과 묵살(默殺) 사이에 수많은 반응과 소통이 있어야 한다. 이 과정이 바로 리더십이다. 건의가 불평으로 뒤틀려 버리는 순간 소통과 협의는 사라져 버리고 명령과 지시, 복종 등 직위와 권위만 남는다. 공화정이 왕정으로 되돌아가 버리는 것이다.

또한 정책과 사업에는 당위(當爲)와 공감(共感)의 문제가 있다. 영어로 치자면 Should와 Empathy, Agree로 보면 맞다. 당위는 명쾌해 보이지만 타이밍 또는 상황과 마주쳐야 한다. 공감만을 강조하면 한 발짝도 전진을 못 할 수도 있다. 더군다나 여기에 반대 의견을 적(敵)으로 규정해 버리면 접착제 역할인 설득(說得: Persuade)과 이해가 설 자리가 없어져 버린다. 개인 간이나 단체, 조직이나 국가도 마찬가지다.

관계 및 연관자들이 모든 걸 내려놓고 자연인으로 되돌아가면 '남는 자들의 몫'이겠지만 그렇다고 책임과 비굴(卑屈: Meanness)에서 자유로울 수는 없다. 박경리 소설《토지》에는 수많은 등장인물들이 나온다. 질곡의 한국 근대사를 관통해야 했던 주인공 서희에게 주변의 배신과 협잡은 몸에 붙어 다녔다. 살아남아야겠다는 집념 앞에서는 비굴도 사치였다. 끝까지 살아남아야 할 사명(使命)이 토지를 버리고 그녀를 북간도로 향하게 했다.

2023년은 제헌절 75주년이다. 대한민국은 민주공화국이다. 이제 헌법 제1조 1항은 적어도 생활 주변에서는 잊어도 될 때가 되지 않았나? 멤버를 하늘처럼 받들라는 게 헌법 1조다. 그걸 모르면 아무리 작은 단체라도 맡지를 말 일이다.

사람이 곧 하늘이다(人乃天).

2023. 1. 25.

# 사람이 곧 하늘이다

강창구
워싱턴 평통 회장

'침묵은 한량없이 깊은 언어입니다. 가는 자 돌아오기를 바라지 않네'

출처가 불분명한 이 짧은 문장이 말많고 혼란한 시절을 살아나가는 데 다소의 힐링(치유治癒)이 된다. 근자에 규모와 성격이 다르지만 필자와 관련있는 미국의 2개 단체에서 좀 떠들썩한 일이 생겨서 그 리더의 신상에 문제가 생겼다. 단체의 성격과 규모에 관계없이 사회일반의 규범적 토대는 헌법(憲法)이다.

대한민국 헌법 1조는 1항 대한민국은 민주 공화국이다. 2항 대한민국의 주권은 국민에게 있고, 모든 권력은 국민으로부터 나온다. 사실 2항까지도 필요 없다. 2항은 제 1항에 대한 설명이다. 권한과 책임, 권한과 의무는 글자만 다를 뿐 서로 떼어놓을 수 없는 것이 '공화정의 핵심이다. 자고(自古)로 백성들은 피땀흘려 일하고 국법에 의해서 정해진 세금을 자신은 굶더라도 내야하고 내야했다.

법으로 정해져서 반드시 내야 할 의무도 있지만 자신의 생명과 재산을 보전받기 위해서도 그런다. 조직과 단체도 유사하다.

세금(회비)을 낸 국민으로부터 그 권한을 잠시 '위임(委任)받아 성실하게 직분을 행하는 것이 공화정이다. 왕정에서는 행정, 입법, 사법 모든것의 중심은 왕(王)이다. 그런데 공화정에서는 그렇지가 않다. 그렇게 보인다거나 그렇게 생각하는 사람은 적어도 100년전의 세계에 머물러 있다고 봐도 좋다. 왕정(王政)과 공화정의 근본적 차이가 바로 이 점이다.

그런데 말이 쉽지 그게 잘 이루어질 리가 없는 것이 현실이다. 그래서 만들어진 것이 법(法)과 규정(規定)이다. 변화 많은 세상에 그 수많은 경우를 모두 다 법으로 규정하는 것은 거의 불가능하다. 그럼에도 소통과 절차상의 번거로움을 피하고 효율을 강조하면서 그 짧은 법으로만 모든 문제를 이해하고 해결하려고 하는 사람들이 참으로 많다.

신의칙(信義則), 즉 '신의성실의 원칙'은 공동생활의 일원으로 상대방의 신뢰에 반하지 않도록 행동해야 한다는 법률적 용어다. 법과 도덕의 조화를 꾀하려고 만든 원칙이다. 이를 상위자가 어길 때는 권한남용에 대한 처분이 뒤따른다.

두 단체 공히 사건의 본질보다는 '소통(疎通)의 문제에서 비롯되었다는 것이 필자의 소견이다. 건의문화(建議文化)의 미성숙과 리더의 이해부족이 순식간에 건의가 불평(不評)이나 불경(不敬)으로 내쳐져 버렸다.

한국 사회에서는 건의가 이루어지기가 지는 상당기간 문제의 본질이 잠복되어 있는 경우가 많다. 어렵게 꺼낸 건의에 대한 가납(嘉納)과 묵살(黙殺) 사이에 수많은 반응과 소통이 있어야 한다. 이 과정이 바로 리더십이다. 건의가 불평으로 뒤틀려 버리는 순간 소통과 협의는 사라져버리고 명령과 지시, 복종등 직위와 권위만 남는다. 공화정이 왕정으로 되돌아가 버리는 것이다.

또한 정책과 사업에는 당위(當爲)와 공감(共感)의 문제가 있다. 영어로 치자면 should 와 empathy, agree로 보면 맞다. 당위는 명쾌해 보이지만 타이밍 또는 상황과 마주쳐야 한다. 공감만을 강조하면 한 발짝도 전진을 못할 수도 있다. 더군다나 여기에 반대의견을 적(敵)으로 규정해 버리면 접착제 역할인 설득(說得: persuade)이 설 자리가 없어져 버린다. 개인간이나 단체, 조직이나 국가도 마찬가지다.

관계 및 연관자들이 모든 걸 내려 놓고 자연인으로 되돌아 가면 '남는 자들의 몫'이겠지만 그렇다고 책임과 비굴(卑屈: meanness)에서 자유로울 수는 없다.

박경리 소설 '토지'에는 수많은 등장인물들이 나온다. 질곡의 한국 근대사를 관통해야 했던 주인공 서희에게 주변의 배신과 협잡은 몸에 붙어 다녔다. 살아 남아야 겠다는 집념 앞에서는 비굴도 사치였다. 끝까지 살아 남아야 할 사명(使命)이 토지를 버리고 그녀를 복간도로 향하게 했다.

2023년은 제헌절 75주년이다. 대한민국은 민주공화국이다. 이제 헌법 제1조 1항은 생활주변에서는 잊어도 될 때가 되지 않았나? 멤버를 하늘처럼 받들라는 게 헌법 1조다. 그걸 모르면 아무리 작은 단체라도 맡지를 말일이다. 사람이 곧 하늘이다(人乃天).

# 가까이서 지켜본 미주 부의장 직무정지에 대한 소고(小考)

(순서)

1. 문제의 배경

2. 사건 일지

3. 언론과 SNS상에 등장한 어휘

4. 협의회장들의 동향

### 1. 문제의 배경

잊어버리기 전에 기록해 놓겠다는 정도로 이 글을 씁니다.

사람은 다시 만나고, 아픔은 서로를 위해서 성숙하게 다스려야 한다고 생각합니다.

가급적 개인적인 생각은 배제하고 이미 언론이나 SNS상에서 공개된 자료들의 일부를 나열했다. 또한 너무 자극적, 직설적이거나 민감한 내용은 생략하였습니다.

이미 언론에 많이 노출된 부분과 실제로 진행되었고 언론에 노출이 안 되었더라도 수동적인 마음으로 정중동 할 수밖에 없었던 일들의 상호관계를 비망록 삼아 남겨 놓습니다. 판단은 독자님들의 몫입니다.

사실 통일에 대한 민족적 소망과는 달리 그 가능성이나 시기에 대한 인식과 여론은 일일이 숫자를 나열하지 않더라도 현저하게 낮아지는 경향이 있다. 그 방법론도 정권에 따라서는 상당한 접근을 보일 때도 있지만 정권의 부침, 교체에 따라 널뛰기를 반복해 왔다. 어쩌면 생애에서 가장 힘든 일일지도 모르겠다는 생각마저도 든다.

제 자신도 그래 왔지만 그 당위성 하나만을 붙들고 민족의 통일운동에 살신성인, 분투하고 있는 모든 분들께 우선 경의를 드립니다. 어렵고 힘든 일일수록 그 성취는 무량의 가치가 있기 때문에 오늘도 언제 끝날지 모르는 그 일을 붙들고 있는 선배 원로, 동지 여러분께 고개 숙여 존경을 표하고자 합니다.

이런 상황에서 제도권 통일운동의 한 축이라고 할 수 있는 민주평화통일자문회의 미주지역 부의장이 임기 8개월여를 남겨 놓고 직무 정지 및 해촉이라는 초유의 상황이 발생했다.

평통 내에서는 상황이 종료된 걸로 생각될 수도 있겠으나 이에 대한 부당함과 항의가 언론을 통해 노정되고 급기야 소송에 이르고, 임기를 얼마 남겨 두지 않고 있는 문재인 정부 시절에 임명을 받은 제20기 미주지역 20개 협의회장과 약 1,700여 명의 미주지역 자문 위원들이 겪는 불편한 동거와 불편한 진실 사이에서 일어난 상황을 정리해 놓을 필요가 있겠다는 것이다.

부연하자면 서문에서도 언급했지만 저는 도산의 홍사단에서 '인물 기르기' 운동이 체화되어 있다고 자부합니다. 아주 조그만 것도 먼저 양보하고 위해 주려는 마음을 실천합니다.

## 2. 사건 일지

(2022)

* 10.14: 석동현 사무처장 부임

　　　　취임 인터뷰(자료#1)

* 11.14~16: KAPAC KPC(한반도평화포럼) DC 개최(자료 #2 사진)

* 11.22: 미주 부의장에 대한 민원 접수(120개 단체 명의) 및 사무처 경위 조사 착수 (경위 조사인가, 사찰인가)

* 11.28: 해외 지역 전체 회의(서울)

* 12.05: 국회 외교통일위원회 전체 회의

　　　　(사찰 문제 제기)

* 12.11: 미주지역 협의회장 1차 건의문(20/20명) 작성 건의(자료 #3)

* 12.15: 미주 부의장 건의문에 대한 부의장의 응답(별첨 #4 생략, 거절함)

(2023)

* 1.5: 미주 부의장 직무 정지(협의회장 건의문 및 운영비 사용 보고 건) (직무 정지가 부당한 탄압인가, 적법한 것인가?)
* 1.5: 직무 정지의 부당함에 대한 석동현 사무처장에게 보낸 필자의 공개 건의문(자료 #5)
* 1.9: 미주지역 협의회장 2차 입장문(18/20, 사무처와 부의장 간 문제에서 일체 불관여 선언, 남은 임기 마치기로 다짐 (자료 #6)
* 1.12: 박요한 직무대행 임명에 대한 최광철 부의장의 입장(별첨 #7 생략)
* 1.17: 국회 외통위 민주평통 현안 보고
* 2.13: 제162차 운영위원회(해당 위원 위촉 해제, 부의장 자동 면직, 운영위원 39명 중 반대 9, 기권 4, 찬성 26, 별첨 #8 생략)

### 3. 언론과 SNS상에 등장한 언어

사찰, 블랙리스트, 배신, 부역, 사주, 줄서기, 갈라치기, 자기부정, 내로남불. 너무 많은 과장과 억측, 사무처장, 부의장, 회장단 간 주장의 평행선은 실체적 진실의 문제를 혼란스럽게 만들었다.

### 4. 협의회장들의 동향

1) 20기 미주지역 20명 협의회장 중 언론이나 SNS 종전 선언에 반대

하는 사람은 한 명도 없었다.

2) 2022년 11월 14일의 한반도평화포럼에 대해서 참석 여부와 상관없이 행사 전후로 부정적인 평가를 하거나 폄훼하는 회장도 없었다.

3) 6개월이 흐른 2023년 6월 현재 해당 건은 소송 중에 있음. 공소시효 5년.

4) 미주지역 20개 협의회장 중 20명 전원과 자문 위원 1,750명 중 절대다수는 현 위치에서 2023년 8월 31까지인 임기를 성실하게 마치기 위해 정위치하고 있다.


(자료 #1)

'민주평통에 윤사모 회원 등용' 발언 논란


석동현 민주평통 사무처장은 2023년 10월 14일 사무처장에 취임하면서 '주사파 세력들은 SNS 등을 잘 활용하면서 6개월도 안 된 윤 대통령을 탄핵 운운하고 있기 때문에 윤사모도 SNS 등 미디어를 통한 윤 대통령의 호위무사 역할을 해야 한다.'라고 하면서 '현재 좌파들이 장악하고 있는 민주평화통일자문회의에 참신하고 국가관이 뚜렷한 윤사모 회원들도 많이 등용하겠다.'라고 밝혔다.


또한,

2022년 10월 29일 사무처장실을 방문한 윤사모 회원들에게 위와 같이 발언한 것으로 알려졌다. 이전에도 석 사무처장이 취임사에서 문재인 정부 시절에 임명한 20기 민주평통에 대한 물갈이를 시사하는 발언을 한 바 있어서, '평화통일 자문 기구인 민주평통을 윤석열 정부의 친위 조직으로 만들려는 것이냐'는 비판이 제기되었다. (다수의 언론 기사를 발췌 정리함)

(자료 #2)

2022 Korea peace conference 포스터

(자료 #3)

최광철 미주 부의장에게 드리는 글(협의회장 1차 건의문)

지난주에 있었던 해외 지역 자문 위원 전체 회의 Follow up으로 오늘 20명의 미주지역 회장님들이 모두 참여하여 장장 3시간 반 동안 현재 일어나고 있는 미주지역 평통의 위상과 미주 부의장과

사무처와의 갈등에 대해 진솔하게 의견을 나누었습니다.

그 결론은 다음과 같습니다.

첫째, 최광철 미주 부의장이 11월 28일 한국에서 있던 미주지역 운영위원회에서 발표한 것과 같이, 앞으로 KPC 행사나 다른 KAPAC 행사에 미주 평통 협회장이나 평통 자문 위원들이 관여 안 하면 좋겠습니다.

더 나아가 최광철 미주 부의장은 KAPAC 대표와 미주지역 부의장을 겸직하고 있어 이런 혼란을 가져왔기에 둘 중 하나만 선택하여 일해 주시면 고맙겠습니다.

둘째, 평통 사무처와의 갈등에 관하여.

최광철 미주 부의장의 KPC 행사로 빚어진 사무처와의 갈등에 대부분의 협의회장님들이 불편해하고 있습니다.

민주평화통일자문회의는 대한민국의 헌법기관으로 의장인 대통령의 평화통일 Policy를 존중하고 북한의 태도에 맞는 평화통일 정책을 홍보하고 자문해야 한다고 생각합니다. 이에 의장과 평통 수석 부의장, 미주지역 부의장과 사무처장과의 소통이 같은 방향으로 일을 하는 것이 Essential하다고 봅니다. 앞으로 남은 20기 평통 임기 동안 우리는 한 Code로서, 통일 정책 방향을 추진하고 홍보하는 것이 필요하다고 생각합니다.

셋째, 민주평화통일자문회의는 어느 한 당에 치우침이 없이 중도적으로 가기 원합니다.

넷째, 미주 부의장은 한 개인의 소신과 신념뿐만이 아닌 20개 협의회, 1,900여 명의 자문 위원을 대표하는 공직자로서 전체 조직을 생각하며 사무처와 대화해 주시기를 부탁드립니다.

앞으로 8개월 남은 임기 동안 우리 20명의 평통 협의회 회장들은 최선을 다해 대한민국의 평화통일뿐만 아니라 시시각각 변하는 조국의 안보를 생각하며 최선을 다해 자문 위원들과 함께 일할 것임을 다짐합니다.

2022년 12월 11일
미주지역 20개 전 평통 협의회 회장 일동.

(자료 #4)

위 건의문에 대한 부의장의 답변서는 생략합니다.

(자료 #5)

석동현 처장께 드리는 공개 건의문

제20기 민주평통 워싱턴 협의회 강창구 회장입니다.

최광철 미주 부의장의 2023년 1월 5일 자 직무 정지 명령 철회를 요청합니다.

1월 5일 위 건에 대한 이메일 통보를 받았습니다. 거기에는 어떤 징계 사유도 없었습니다. 언론에 의하면 '협의회장들의 권고문'이라고 나와 있어서 이게 사실인지 먼저 알고 싶습니다.

그 건은 권고문은 아니었고 미주지역회의 24명 운영위원 내부적 건의 입장문이었습니다.

그런 입장문의 전체적 맥락은 미주지역 20개 협의회, 1,736명 자문 위원 전체를 위한 '사무처장과 미주 부의장 간에 긴밀한 대화와 협조'가 그 기조였고, 이는 또한 협의회장들이 미주 부의장에게 건의한 내용이 목적이었다고 저는 알고 있습니다.

그 건의의 수용 여부까지를 강제해서는 안 된다고 생각합니다. 저의 이 공개 건의문도 마찬가지입니다. 또한 이 입장문의 내용에 동의하지 않았던 협의회장도 있었습니다.

그것이 징계 사유라고 하면 이는 심각한 착오가 있는 게 아닌가 하는 것이 제 의견입니다. 한편으로는 당혹스럽습니다.

저희는 의장인 대통령 직속 기관으로 남북한의 평화적 통일을 위해 자발적이고 헌신적으로 참여한 무보수, 명예직 자문 단체입니다.

평통 42년, 20기를 거쳐 오는 동안 지역사회나 동포 사회로부터 때로는 외면당하고 힐난의 대상이었던 평통이 선배 위원님들의 헌신과 노력을 통해서 동포 사회와 더불어 통일의 공감대와 여론을 형성하고 단합과 협동의 구심점으로 오늘에 이르기까지 부단한 노력을 해 오고 있고, 그로 인한 성과가 여실해지고 있는 현재의 평통을 자랑스럽게 생각하고 있습니다.

그동안 사무처에서도 일선, 특히 해외 평통에 깊은 애정과 관심으로 지원과 협조를 아끼지 않아서 이제는 현지 프로그램이 크게 활성화되어서 정부 외교에서 하지 못하는 '공공외교의 첨병'으로 정부와 국가를 위해 그 역할을 하고 있다고 자부합니다.

20명 동의 명단에 포함된 저로서는 입장문이 이렇게 사용될 것이라는 생각은 상상을 못 했고, 그렇다면 더 신중히 살펴보지 못한 자책도 앞섭니다.

자문 위원 위촉 시에는 지역, 계층, 정파, 세대를 초월해서 각 분야의 대표성을 지닌 인사를 위촉 추천하도록 되어 있고, 따라서 겸직에 대한 어떤 규정도 없다는 사실에 더 주목했어야 했다는 것입니다.

만약 다른 징계사유가 있다면 논외로 치더라도, 적어도 협의회장들의 내부적 건의 입장문이 주된 징계 사유라고 한다면 민주, 평화, 통일, 자문, 대화, 타협의 정체성과도 배치되고, 매 5년마다 악순환이 반복되는 나쁜 전례가 되는 것을 저는 원치 않습니다.

수많은 자문 위원들의 크고 작은 건의와 요청에 성실하게 응해야 하고 문제 해결의 중심에 협의회장이 있음을 한시도 잊지 않고 있습니다.

생업과 함께 협의회 일에 집중할 수 있도록 사무처장님과 부의장님께서 협동과 화합의 수범을 보여 주시면 감사하겠습니다.

2023년 1월 6일

워싱턴 협의회장 강창구.

(자료 #6)

미주지역 협의회장 입장문(2차)
―1차는 건의문이고, 2차는 입장문임.

협의회장들의 입장문을 밝히는 바입니다.

새해에도 가내 무강하시고 조국 대한민국은 물론이고 우리가 정착하여 사는 어느 나라이든 하나님의 축복이 함께하시기를 기원합니다.

(이하 A4 약 4장 분량의 '협의회장 입장문'은 18/20명의 의견을

대체로 반영하였다고 판단되지만 그 내용 중에는 또 다른 논란의 소지가 일부 있어 보이기 때문에 이곳에서는 생략합니다. 이미 언론이나 SNS상에는 공개되었던 사항이니 필요하다면 독자분들이 탐문해 보시기 바랍니다.)

후기:
이 입장문(2)을 발표할 것이냐 말 것이냐를 가지고도 협의회장 간에 깊은 숙의를 하였습니다.

협의회장단은 (중략)
향후 남은 임기 동안 지역 협의회 단위의 활동에만 진력하겠으며,

사무처 석동현 처장과 최광철 부의장에 대한 일체의 대응을 자제하기로 하였습니다.

2023년 계묘년 1월 8일
미주지역 협의회장단 드림.

# '누구를 위하여 종은 울리나'

제가 이 글을 워싱턴 한국일보에 내보낸 날짜가 2011년 11월 12일이
니까 만 12년 전의 글입니다. 다시 또 들여다봅니다. 그동안 한반도에서
는 전쟁이 없어서 다행입니다. 1년 전 우크라이나 젤렌스키가 전투복을
입고 화면 앞에서 침략자 푸틴에 끝까지 저항하겠다고 항전을 선언했을
때만 해도 성금을 보내고 응원하고 지원해야 한다고 했었다. 과연 그가
현명했는가.

너무나 조용하다.
할 말이 없어서일까,
해야 할 말이 너무 많아서일까?
잊고 싶은 쓰라림 때문일까,
벌써 잊혀 버린 전쟁이라고 생각해서일까?
2003년 3월 20일 시작된 또 하나의 전쟁, 전쟁 개시 40여 일만이던 5
월 2일, 조지 W 부시 미 대통령은 귀환 중이던 항모 에이브러햄 링컨호
선상에 공군 조종사복을 입고 함재기에서 한껏 폼 잡고 내리며 이라크
전의 승리를 선언했다.

미군 희생자 138명, 이라크 민간인 2,700명, 그때 발표된 희생자 숫자이다.

8년 9개월이 지난 12월 15일, 바뀐 버락 오바마 미 대통령이 이라크 주둔 미군의 전면 철수를 발표한다. 사담 후세인 정권의 대량 살상 무기(WMD)를 제거한다는 명분으로 시작된 이라크 전쟁에서 희생자의 집계 자체가 불가능하다는 전제가 따르는 발표지만 민간인 12만 7천 명, 이라크 군인 4만 2천 명 사망, 미군 사망자 4천 487명, 부상자 3만 2,200명, 연합군 사망자 300명, 전쟁 비용 3조 달러, 초당 5천 달러가 넘었다니 얼른 짐작이 되지 않는다.

뉴욕 세계무역센터(WTC) 쌍둥이 타워가 허무하게 무너지는 충격으로 인해 합리적 판단을 하지 못했던 미국민들은 '테러와의 전쟁'에 나선 '총사령관' 조지 W. 부시 대통령의 행보에 동참했고, 전쟁 중에는 사령관을 바꾸지 않는다며 재선까지 도왔다.

2008년 밀어닥친 세계적인 금융 위기 속에서 미국이 허망하게 휘청거리고 결국 국가 신용 등급 강등이라는 치욕을 당한 것도 전쟁 비용으로 미국의 국력이 소진된 결과로 평가되고 있다.

어렵다. 많이 어렵다.

힘들어한다. 주변 거의 모두가 힘들어한다.

그 거대한 자본의 화수분이던 은행이 휘청이는데 서민들의 생활은 어쩌겠는가, 그것이 미국만의 일인가.

전쟁에 반대하는 목소리는 희미하기만 했지만 그들이 옳았다.

불과 9년 전의 이야기를 이렇게 찍어서 입에 넣어 주어도 모른다.

미국 우주항공국(NASA)이 12월 5일 '제2의 지구'를 발견했다고 발표했다. 우주 망원경의 이름을 딴 '케플러 22b' 행성은 지구와 600광년가량 떨어져 있다. 지구보다는 약 2배 반 정도 크다. 표면 온도는 섭씨 22도, 생명체의 필수 요소 중 하나인 물도 있는 것으로 추정된다.

NASA 소속 케플러 팀 과학자는 이번 케플러 22b를 발견함으로써 '인류가 살 수 있는 지구만 한 크기의 행성을 찾는 데 점점 다가가고 있다'라고 밝혔다.


가만히 계산해 봤다. 1광년은 빛의 속도로 1년간을 가야 도달할 수 있는 거리이다.

빛은 단 1초 만에 달까지 간다. 빛이 태양까지 가는 데도 8분밖에 걸리지 않는다.

이 행성은 자그마치 지구와 태양 거리의 4천만 배 떨어진 곳에 있다. 그곳에서 바라다보는 지구는 어떤 모습일까.


1백 년 전이던 1911년 이전에 태어나서 지금까지 살고 있는 사람의 숫자는 전 세계적으로 7만 명 정도이다. 대부분 생물학적 생명 연장을 하고 있는 사람들이다.

지금 현생 70억 인류 중에서 앞으로 120년 후인 2131년까지 살아 있을 사람은 단 1명도 없다고 봐야 할 것이다. 그때 가서도 탐욕으로 싸우게 하고 서로 죽고 죽이도록 할 것인가!

죽지 않아도 될 수십만의 희생을 어느 누구 하나 책임지지 않는다니!
그러고는 '역사에 맡기자고 한다.'

　과연, 누구를 위하여 종은 울리는가.

# 3·1절에 못다 한 이야기

엊그제 제104주년 3·1절 기념식이 지역 한인회들의 상호 협력하에 버지니아와 메릴랜드에서 각각 거행되었다. 황송하게도 3분 정도의 짧은 인사 순서를 배려해 주셔서 이럴 때 중언부언 길어지면 진상이니 줄이고 줄이다 보니 횡설수설했던 듯하다. 당시 못다 한 몇 말씀을 마저 하고자 합니다.

'역사를 잊은 민족에게는 미래가 없다.'(신채호) 인문학 초입만 서성거려도 아는 세계적인 명언이다. 이 말씀은 대한민국 국경일 중에서는 3·1절에 가장 적확(適確)한 문장이자 어록(語錄)이다. 역사는 거슬러 봐야 '그런 일이 왜 일어났는가'를 더 훤하게 알 수가 있다.

104년 전 3·1운동이 일어나기 10년 전이던 1910년에는 경술국치 한일병탄(韓日倂呑)이 있었다. 그 5년 전인 1905년 11월에는 을사늑약(이완용)이 있었다. 이것도 1970년대까지도 '을사보호조약'이라고 불렸다. 나중에 깨우친 시민들에 의해서 강압에 의한 일방적 조약이라서 늑약(勒約)으로 바꿨다. 을사늑약이 있기 5개월 전인 1905년 6월에 '태프트 카츠라 밀약'(미국은 필리핀, 일본은 조선 지배 상호 승인)이 있었는데 1924년까지도 이런 게 이루어진 줄도 모르고 있었다.

이 사건은 오늘날 한일 간, 한미 간의 현안과도 관계가 아주 깊다. 특히 미국에 살고 있는 한인 동포로서 '조국 대한민국의 번영과 미래'를 생각하는 분들이라면 꼭 기억하고 있어야 할 '역사적 사실'이다. 적어도 미국과 일본의 정치인들의 한국에 대한 뿌리 깊은 인식이 여기에서 발원한다.

1918년 제1차 세계대전이 끝나고(사망 1,370만, 부상 3,400만) 유럽 한복판에서 벌어진 이 전쟁은 아주 복잡하게 민족끼리 얽혀 있어서 미 대통령 우드로 윌슨은 '민족의 문제는 그 민족 스스로 결정케 한다.'라고 발표한다. 이런 민족자결주의는 3·1운동의 직접 도화선이 되었다는 게 정설이지만 그 훨씬 이전이던 1905년에 벌써 한민족의 운명은 아주 극소수의 미국과 일본인에 의해 결정 나 있었고(태카밀약), 또 아주 극소수의 정치인(매국노)에 의해 국권을 내어 준 것이다(을사늑약).

국민의 위임을 받은 극소수 지도자들이 국민의 세금으로 국가와 민족의 운명을 결정할 중대사를 '국민적 합의'도 없이 극비리에 저질러 버리면 안 된다는 것을 3·1절에 상기시키고자 한다. 아주 소수의 정치인들의 사심(私心)이 국가를 위기에 빠뜨리고 전쟁까지 불러오게 하는 것이다.

땅속에서 지각판끼리 부딪치면 '지진'이라고 하고 지상에서 국가나 민족 등 세력끼리 부딪치면 '전쟁'이라고 한다. 튀르키에 지진과 우크라이나 전쟁이 그것이다. 미국이 중국의 팽창에 대해서 중국을 포위하는 이른바 '인도 태평양 전략'을 세우는 것까지는 논외로 치자.

김일성이 북미 수교할 때까지만 기다려 달라고 했지만 중국은 1992년 김일성의 극력 반대를 물리치고 한중 수교를 하였다. 이후 30년간 완충 지대로서 한국 경제는 세계 10위 국가로 발돋움하고 있다. 대만은 그렇다 치더라도 한국이 그 충돌 지점에서 어떻게 해야 할지 이 또한 국가 지도자의 몫이다.

문제는 일본이 미국의 인태 전략을 빌미로 자위대 해외 파병까지를 국내법으로 제도화하려 하고 있다.

1950년 9월 28 수복 이후 평양을 향해 진격하던 때에 일본이 경찰 예비대(자위대 전신)를 파견하겠다는 말을 전해 듣던 이승만은 '북을 향하던 총부리를 일본으로 향하겠다.'라고 했다. 트럼프 정부의 안보 보좌관 존 볼튼은 그의 회고록(6/2020)에서 '일본은 한반도 평화에 대해서 항상 어긋난 입장을 보여 왔다.'라고 실토해 버렸다.

사과와 반성은 물론 사후 보상이 이루어진다고 해도 당한 상처 나 피해가 원래대로 되돌아가지 못하는 것이 전쟁과 참사의 피해자들의 입장이다. 사과와 반성을 일본 헌법 9조에까지 명시해서 이를 '평화헌법'으로 부르다가 이를 개헌하여 폐지하려는 현실이 104주년 3·1절에 직시해야할 대목인 것이다. 3·1운동이 일어나고도 26년의 세월이 흐르고 그것도 자력으로 독립하지 못했다는 것을 알아야 한다.

두 눈 똑바로 뜨고 사는 국민이래야 나라를 지킬 수 있는 것이다.

2023. 2. 23

3개 한인회 공동주최 2023년 3·1절 기념식에서, 워싱턴 한인 커뮤니티 센터 ANNAN DALE

# 소는 누가 키우고, 책은 뭐에 쓰는 물건이냐

살다 보면 좋은 사람, 싫은 사람이 있다. 어디까지나 본인의 기준에서다. 상대편에서 본다면 어떨까, 아니 그 당사자 이외 제3의 시각에서 본다면 천양지차가 날 것이다. 좋고 싫고의 기준 또한 천차만별이다. 그것도 조금만 더 파고들어 가면 소위 지연, 학연, 혈연, 종교, 성격까지도 나뉜다. 조금이라도 더 쪼개고 나누는 것이 몸에 배어 버렸다. 일상적이고 숙명이다. 가족관계가 아니면 도저히 상상할 수 없는 부분까지 '공통분모' 찾기에 골몰한다. 심지어 동태 형제(同胎兄弟)간에도 '친소(親疏)'를 가른다.

특히 한국 사회의 이념적 편가르기는 통속적인 관념으로는 도저히 해석이 안 되는 부분이자 고질적이며 망국적이다. 이성을 마비시켜 버린다. 불안해서도 그렇겠지만 키 재기 본능은 상상을 넘는다. 나라가 온통 편가르기 하느라고 날이 새고 해가 진다. 카톡에서는 밤중까지도 이어진다. 정신이 없다. 죽기 살기다.

경제적 관점에서는 이런 경쟁이 반드시 나쁜 것만은 아니다. 그런데 경쟁과 갈등은 그 양상이 다르다. 경쟁은 나름대로 룰이 있다. 갈등을 경쟁으로 승화시키려고 하면 그 안에 '선한 의지'가 꼭 필요하다. 더 나은 미래를 담보하자면 그렇다. 즉 발전하려고 한다면 '옳고 그름(善惡)'의 바탕에 그 기준과 잣대로 편을 가르는 세상이라면 조그만 희망이라도 있다. '챗GPT'가 뭔지도 모르는 아주아주 오래전 세상에서도 권선징악(勸善懲惡)은 있었다. 아무리 좋고 친하더라도 그 이유 하나 때문에 악(惡)을 옹호하거나 덮어서는 가망이 없다. 이 또한 전달 매체가 판단을 사정없이 흔들어 버리면 뭐가 뭔지 어리둥절해 버린다.

　책 속에는 길이 있다. 시대가 변해도 상당한 기간 동안 '책(冊)'의 효능은 오래 지속될 듯하다. 우후죽순 전달 매체인 언론 왜곡의 홍수 속에서 정신 줄 잡아 줄 유일한 연장이 책이라는 생각이다.

　편가르기의 끝판왕은 나라 간의 전쟁이다. 바로 1년 전인 2022년 2월 24일 러시아는 인접 우크라이나를 침공했다. 그리고 1년이 지났다. 유엔 인권 최고위의 최근 발표에 따르면 민간인 7천 명, 어린이 438명, 군인 20만 사망, 국민 33%가 난민, 전 세계 4억 명이 기아 상태다. 언제 그 참상이 끝날지 모르는 이 상황은 예방할 수 없는 것이었나, 이를 짚어 보는 것이 역사요, 정치요, 민생이다.

　전쟁 초기 전 세계가 침략자 러시아를 비난하였다. 차차 시간이 지나면서 우크라이나와 러시아 전쟁 원인이 무엇인가를 말하는 챗GPT의 대답을 통해 우크라이나의 'NATO 가입'과 '핵 무장론'이 전쟁 발발 동기의 핵심임이 드러났다. 편 가르기였던 것이다. 이게 정녕 남의 일인가.

산업통상자원부가 1일 발표한 '1월 수출입 동향'을 보면, 무역수지는 126억 9천만 달러 적자를 나타냈다. 역대 월간 최대 적자다. 연간 기준 역대 최대 무역 적자를 기록한 지난해 한 해 적자 규모(474억 6,700만 달러)의 26.7%에 이른다. 올 한 해 누적 적자는 계산하기도 겁난다. 무역수지 적자는 공교롭게도 지난해 3월 1,400만 달러 적자 이후 11개월째 이어지고 있다. 무역수지가 11개월 이상 연속 적자 흐름을 보인 것은 1995년 1월~1997년 5월 이후 26년 만이다. 1월 대중국 수출이 31.4%나 감소했다. 안미경중(安美經中) 즉 안보는 미국 경제는 중국의 판도 깨져 버린 듯하다. 편 가르기에 잘못 끼어든 것이다.

한국 경제의 특징인 무역의존도가 최근인 2020년 말에는 64%였다. 같은 기간 미국은 19.34%, 일본은 28.08%였다. 대외 환경에 그만큼 허약하다는 것이다. 난방비 하나에서 보듯이 경제 상황 앞에서는 백약이 무효다.

40년 전 경제원론 교수님이 '전쟁은 모든 경제문제를 삼켜 버린다.'라고 말하셨다. 느닷없이 그 말씀이 떠오른다. 우크라이나 국민들은 마실 물 한 병도 감지덕지요, 담요 한 가닥도 감사(?)할 뿐이다. 무슨 욕구와 욕망이 있어서 '경제 타령' 하겠나 싶으니 그 말씀이 지당하다.

영국 파이낸셜 타임 크리스천 데이비스 서울 지국장은 '한국전쟁 시 대피 걱정 마라…, 전쟁 알기도 전에 다 죽을 것'이라는 한 외교관의 말을 엊그제 전했다.

편가르기, 다 좋다. 그런데 기준이 뭔가. 내 편 네 편도 다 좋지만 '우리 편'이라는 목소리가 없어져 버렸다. 평소 안보에 관심이 많던 분들은 의외로 편안(?)해 보이고, 남북 관계를 잘 안다는 분들은 오히려 걱정(?)으로 괴로워하는 이 이상스러운 현상도 극단적인 '편가르기'가 낳은 아주 기괴한 현상이다. 같은 편이래도 그렇다. 사람을 내보낼 때가 아주 중요하다. 내 편이 아니라고 내치는 순간 모든 증오와 저주가 싹트게 된다. 인과응보요, 이에 상응하는 대가는 본인에게 반드시 되돌아오게 된다.

책을 읽으면 이게 조금 보이고 알 수도 있다. 소 키우는 사람은 소를 열심히 키우는 것이 중요하다. 통일도 좋지만 전쟁부터 막는 일이 더 급해져 버렸다.

미국에 앉아서 할 일도 참 없다고 할지 모르겠다.

2023. 3. 5.

# 들러리 인생, 들러리 국가

'들러리'는 순 한국말이다. 흔히 결혼식 때 신랑, 신부 양측의 친구들을 가리키는 말로 사용되고 있다. 미국에서는 신부의 들러리를 Bridesmaid, 신랑의 들러리를 Groomsman이라고 부른다. 이는 약탈혼(掠奪婚)에서 비롯되었다는 것이 가장 일반적인 이야기다.

지금도 키르기스스탄에서는 납치혼(拉致婚)이 성행한다고 전해지는데 그 외 대부분 지역은 불법으로 금지되고 있다. 역사적으로는 유목민족인 몽골 지방에서 행해졌고, 우리나라에서도 비슷한 '보쌈' 등이 있어왔다. 결혼식 때 예기치 못한 사태 발생 시에 그날의 주인공 신랑과 신부를 지근거리에서 보호하는 임무를 띤 역할이라고 보면 무난하다. 들러리의 또 다른 해석은 '중심인물의 주변에서 그를 돕거나 그를 돋보이게 하는 인물을 얕잡아 이르는 말'이다.

요 며칠 전 인터넷에서 충격적이지만 이미 예견되는 글을 하나 읽었다. 한 아버지가 아들과 함께 결혼과 출산에 대해 나누었던 내용이다. 아이를 낳지 않는 이유를 묻는 아버지에게 '주어진 여건에서 최선을 다해 살아왔지만 현재 자신의 처지를 보면 평생 남의 '들러리 인생'뿐인데 그

걸 또 자식에게 물려주겠는가.'라는 것이다. 아버지는 더 이상 말을 잇지 못했다는 것이다. 자식의 그런 처지를 아버지인 자신이 만들어 주었다는 자책감에 차마 대화를 더 이어 갈 수가 없더라는 것이다.

'교육(敎育)'은 개인의 향상은 물론 사회적 가치를 높이고 국가 역량에 도움이 된다는 사실에 이견이 없었다. 뉴욕 시립대 교수 폴 크루그먼(Paul Krugman)은 얼마 전에 '우파(右派)는 교육을 원치 않는다.'라는 칼럼에서 미국의 공화당은 대학 교육을 원치 않는다. 그들이 보전하고 있는 기득권 유지에 실패할까 봐, 즉 '사회적 무지(社會的 無知)'를 유지하기 위해 교육과 전쟁을 하고 있다고 신랄하게 비판한다. 쉽게 말하자면 고분고분한 사람들만 필요하니 국가적인 대학 교육 지원을 줄이자는 것이다.

2015년까지, 즉 트럼프 이전까지의 공화당은 대학의 국가적 역할이 매우 크다는 시각이었다. 그 이후부터는 대학에서 진보적 정치가 이루어지는 것 같아서 싫다는 것이다. 대학에서 비판적 인종 이론을 연구하는 것, 백신이 코로나에 효과가 있다는 것, 심지어는 온실가스가 지구환경에 미치는 영향 등을 가르치는 것이 진보주의라는 것이다. 그 근거로 '고등교육을 받은 사람들이 민주당을 지지하고 교육 수준이 낮은 유권자들이 공화당을 지지하는' 양극화가 갈수록 심해지는 현상을 제시한다. 이는 실제로 선거 결과에서 확인되고 있다.

교육에 관한 한 초인류적인 한국은 어떨까. 그런 미국의 투표 현상이 한국과도 상관관계가 있다면 대단히 슬픈 현실이다. 독자의 상상에 맡긴다. 그 결과는 소수의 지도층과 다수의 피지배층으로 구성된 사회, 전형적인 전제, 독재국가와 같은 사회형태로 진행된다는 것이다. 그런 사회를 미국이 지향하는 것을 미국 학자가 지적하고 있다.

미국이나 한국이나 성공의 사다리가 없어진 지 오래요, 이걸 치워 버리려는 소수 엘리트 집단에 국가 사회가 중독되어 가고 있는 듯하다. 이제 신분 양극화 해소는 천상에서나 가능할지도 모른다. 미국도 제도만 그럴듯할 뿐 자본에 의한 권력의 횡포는 이미 고착화된 상태이다. 그나마 교육이 유일한 해결책인데 공화당은 그걸 방해하고 있다. 미국과 인류의 미래를 생각한다면 소름 돋는 일이 아닐 수가 없다.

민주당이라고 특별할까만 민주당에서는 집단 지성으로 그런 승자 독식의 카르텔을 깨 보려고 하지만 집단 지성 개개의 속성들이 들러리와는 거리가 있어서 자기들끼리조차도 의견의 일치가 쉽지 않다. 향후 인간의 80% 이상은 AI(인공지능 로봇)보다 지능이 낮을 것이라고 한다. 각국은 인류 공영의 길을 저버린 채 눈앞의 제각각 권력 유지에만 급급한 나머지 이미 정해 놓은 길, 즉 '들러리 사회'로 맹진하고 있는 것이다.

WEF(다보스포럼) 발표 2022년 한국의 국가 경쟁력은 141개 조사국 중 13위다. 2022년 10월 발표된(IMF) 한국의 GDP도 세계 13위다. GFP(Global Fire Power) 2021년 발표된 군사력 순위에서 한국은 세계 6위의 군사 강국이다. 2023년 UN 정회원국 수는 193개국이고, ISO(국제

표준화기구)에서는 246개국이고, 월드컵 출전 국가는 국 211개국이다. 이렇게 펼쳐 놓고 보면 한국은 주변국도 아니고, 최상위 5% 국가이다. 따라서 들러리는 더더욱 아니다.

최근 국제 외교 상황을 지켜보고 있으면 조국 대한민국이 들러리 같다는 느낌이 자꾸 든다. 특히 경제와 무역은 하루하루가 국가 간에 전쟁이다. 눈코 뜰 새가 없을 정도로 어지러운 하루하루다.

이제는 너무나 멀어진 이야기 같지만 남북한이 통일을 위한 노력을 지속할 때에야만 비로소 대한민국은 국제사회에서 주인공의 위치를 다시 확고히 할 수 있는 것이다.

들러리 나라 국민들은 개개인들이 아무리 뛰어나다 해도 들러리일 뿐이다.

2023. 3. 10.

# 들러리 인생, 들러리 국가

'들러리'는 순 한국말입니다. 흔히 결혼식때 신랑, 신부 양측의 친구들을 가르키는 말로 사용되고 있다. 미국에서는 신부의 들러리를 Bridesmaid, 신랑의 들러리를 Groomsman이라고 부른다.

이는 약탈혼(掠奪婚)에서 비롯되었다는 것이 가장 일반적인 이야기다. 지금도 키르키스스탄에서는 납치혼이 성행한다고 전해지는데 그의 대부분 지역은 불법으로 금지되고 있다. 역사적으로는 유목민족인 몽골지방에서 행해졌고, 우리나라에서 비슷한 '보쌈' 등이 있어 왔다. 결혼식때 예기치 못한 사태 발생시에 그날의 주인공 신랑과 신부를 지근거리에서 보호하는 임무를 띤 역할이라고 보면 무난하다. 들러리의 또 다른 해석은 '중심인물의 주변에서 그를 돕거나 그를 돋보이게 하는 인물을 얕잡아 이르는 말'이다.

며칠전 인터넷에서 충격적이지만 이미 예견되는 글을 하나 읽었다. 한 아버지가 아들과 결혼과 출산에 대해 나누었던 내용이다. 아이를 낳지 않는 이유를 묻는 아버지에게 '주어진 여건에서 최선을 다해 살아왔지만 현재 자신의 처지를 보면 평생 남의 '들러리 인생'뿐인데 그걸 또 자식에게 물려주겠는가' 라는 것이다. 아버지는 더 이상 말을 잇지 못했다는 것이다. 자식의 그런 처지를 아버지인 자신이 만들어 주었다는 자책감에 차마 대화를 더 이어갈 수 없더라는 것이다.

'교육(敎育)'은 개인의 향상은 물론 사회적 가치를 높이고 국가역량에 도움이 된다는 사실에 이견이 없었다. 뉴욕 시립대 교수 폴 크루그만(Paul Krugman)

**강창구**
워싱턴 평통 회장

은 얼마전에 '우파(右派)는 교육을 원치 않는다'는 칼럼에서 미국의 공화당은 대학교육을 원치 않는다. 그들이 보전하고 있는 기득권 유지에 실패할까봐, 즉 '사회적 무지(社會的 無知)'를 유지하기 위해 교육과 전쟁을 하고 있다고 신랄하게 비판한다. 쉽게 말하자면 고분고분하는 사람들만 필요하지 국가적인 대학교육 지원을 줄이자는 것이다.

2015년까지, 즉 트럼프 이전까지의 공화당은 대학의 국가적 역할이 매우 크다는 시각이었다. 그 이후부터는 대학에서 진보적 정치가 이루어지는 것 같아서 싫다는 것이다. 대학에서 비판적 인종이론을 연구하는 것, 백신이 코로나에 효과가 있다는 것, 온실가스가 지구환경에 미치는 영향등을 가르치는 것이 진보주의라는 것이다. 그 근거로 '고등교육을 받은 사람들이 민주당을 지지하고 교육 수준이 낮은 유권자들이 공화당을 지지하는 양극화가 갈수록 심해지는 현상을 제시한다. 이는 실제로 선거 결과에서 확인되고 있다.

교육에 관한한 초인류적인 한국은 어떨까. 그런 미국의 투표현상이 한국과도 상관관계가 있다면 대단히 슬픈 현실이다. 독자의 상상에 맡긴다. 그 결과는 소

수의 지도층과 다수의 피지배층으로 구성된 사회, 전형적인 전제, 독재국가와 같은 사회형태로 진행된다는 것이다. 그런 사회를 미국이 지향하는 것을 미국 학자가 지적하고 있다. 미국이나 한국이나 성공의 사다리가 없어진 지 오래요. 이걸 치워버리려는 소수 엘리트집단에 국가사회가 중독되어가고 있는 듯하다.

이제 신분 양극화 해소는 천상(天上)에서나 가능할지도 모른다. 미국도 제도만 그렇듯 할 뿐 자본에 의한 권력의 횡포는 이미 고착화된 상태이다. 그나마 교육이 유일한 해결책인데 공화당은 그걸 방해하고 있다. 미국과 인류의 미래를 생각한다면 소름돋는 일이 아닐 수가 없다.

WEF(다보스포럼)발표 2022 한국의 국가 경쟁력은 141개 조사국중 13위다. 2022.10발표(IMF) 한국의 GDP는 세계 13위다. GFP(Global Fire Power) 2021 발표 군사력 순위에서 한국은 세계 6위의 군사강국이다. 2023 UN 정회원국 수는 193개 국이고, ISO(국제표준화기구)에서는 246개국이 인정되고 있다. 이렇게 펼쳐놓고 보면 한국은 주변국도 아니고, 최상위 5%국가이다. 따라서 들러리는 더더욱 아니다. 최근 국제 외교상황을 지켜보고 있으면 조국 대한민국이 들러리같다는 느낌이 자꾸 든다. 특히 경제와 무역은 하루하루가 국가간에 전쟁이다. 눈코뜰새가 없을 정도로 어지러운 하루하루다. 이제는 너무나 멀어진 이야기 같지만 남북한이 통일을 위한 노력을 지속할 때에야만 비로소 대한민국은 국제사회에서 주인공의 위치를 다시 확고히 할 수 있는 것이다.

# 대의멸친(大義滅親)하라

대대로 '근친혼'을 해 오던 한 가족의 비극적인 생활이 최근 유튜브을 통해 전해지면서 전 세계에 큰 충격을 주고 있다. 필자도 그걸 영상으로 보고 나서 말로는 표현할 수 없을 정도로 깊은 절망감을 느꼈다. 이곳 워싱턴에서 멀지 않는 웨스트버지니아의 오드에 사는 Jhon Whittaker inbred family(존 휘태커 근친결혼 가정)에 대한 이야기다.

영상에서 보면 가족 중에는 정상적으로 언어소통을 할 사람이 없어서 현재 그들의 생활 상태와 배경을 정확히 인터뷰하는 것조차 거의 불가능해 보였다. 그들은 추정하건대 한집에 여러 마리의 강아지가 함께 살면서 관계를 맺어 번식을 한 것처럼 가족관계를 확인하는 것도 어렵고, 서로 얽히고설킨 가족관계로 인한 유전병 등으로 인해 도저히 인간의 언어가 아닌 개가 짖는 것 같은 소리로 소통을 하고 있었다. 또한 그들의 생활공간을 보면 끔찍했다. 마치 연출된 좀비 영화 세트와 거의 같다고 보면 맞다.

흔희들 성격 차이나 생각 차이, 종교적, 인종적, 이념적, 가치관, 세계관 등이 다를 경우에서 오는 갈등과 스트레스 때문에 비슷하고 익숙한 성향만을 찾아서 '끼리끼리' 유유상종(類類相從)하려고 한다. 다른 생각이나 다른 관점에 대한 관심도 때로는 필요할 테지만 철저하게 배제하는 것은 물론 스스로 죄악시까지 하면서 확증에 확증편향을 강화해 간다. 단기적으로는 별문제 없을지는 모르겠으나 조금만 더 멀리 보면 이런 극단이 지속되었을 때 생기는 부작용의 생물학적 막장을 이 근친혼 가족들이 여과 없이 보여 주고 있는 것이다.

명심보감 훈자편(訓子篇)에 '빈객불래문호속 시서무교자손우(賓客不來門戶俗 詩書無敎子孫愚)', 즉 집에 손님이 끊기면 속되게 되고, 시경, 서경을 가르치지 않으면 자손이 어리석어진다. 사람이 살다 보면 이런 사람 저런 이웃들을 필연적으로 만나게 된다. 물론 개인 간이라면 너는 너의 식대로 살고, 나는 나의 길을 가겠다는 걸 억지로 인내하고 이해할 필요까지는 없다. 그런데 아무리 작은 단체나 조직이라도 그 리더가 이런 식이라면 그런 리더가 속한 전체가 불행해지는 건 자명하다. 하물며 국가적 지도자라면 심각할 수 있다. 현상 유지는 될지 몰라도 발전은 없다.

미국에서는 매일 120명씩이 총에 맞아 죽는다. 매일 200명이 총기 부상을 당한다. 1주일에 800명, 1달이면 3,600명이 총으로 죽는다. 전쟁도 이런 전쟁이 없다. 문화적 역사적으로 가장 유사한 영국은 인구 10만 명당 미국의 1/100이다. 미국에서는 10배도 아니고 100배나 많이 죽는다. 영국 보수당의 주도로 민간의 총을 정부가 사들이고 강력 억제책으로 자동, 반자동 권총 사용이 지금은 거의 금지되었다.

미국 의회는 과연 누구를 위해 존재하는가. 총기 규제에 대한 대화는 거의 찾아볼 수가 없다. 참 어리석다. 국민들이 불쌍하다. 미 국무부는 대러시아를 향해 5월 15일 핵탄두 1,419개를 공개했다. 대륙 간 탄도미사일(ICBM) 숫자까지도 공개했다. 지극히 미국식이다. 그러면서 우크라이나 전쟁 이후에 당사국 간 또는 관계국 간에 '대화'의 기미는 전혀 없다. 그러는 사이에 무고한 사람들만 날마다 희생당하고 있다. 자기편 끌어모으는 데 정신이 없다. 배울 게 없어서 이런 걸 각국의 리더들도 따라 배우려 한다.

그런데 영국, 프랑스, 독일 등 유럽 NATO 국가들은 관계국인데도 불구하고 자국의 이익과 국민을 보호하기 위해서 우크라이나 전쟁에 일정 거리를 유지하고 있다. 이게 보수다.

2019년 2월 27일, 북미 하노이 회담 결렬은 한민족에게 큰 좌절감을 주었고 국제질서, 특히 북미 관계의 현재적 상황을 적나라하게 보여 주었다. 대화 상대에 대한 서로의 무지와 불신이 한반도의 미래를 더욱 암울하게 만들어 버리고 지금에 이르고 있다. 대화의 여지가 거의 없어 보인다.

무는 개는 짖지 않는다. 그래서 그런지 조용하면 더 이상하고 두렵다. 휘태커 가족은 날마다 어떤 일을 고민하고 있는지 상상이 되지 않는다. 시간이 되면 영상을 한 번씩 보십시오.

그리고 의도적으로라도 평소 좀 다르다는 분들과 식사도 해 보고, 이야기도 해 보시는 게 '사람 사는 세상'을 만들 수 있다고 생각합니다. '만나서 이야기 좀 하자.' 그게 그렇게 어려울까요? 그런 당신의 고집으로 이웃과 사회가 힘들어합니다. 그게 가족이든, 남북이든지, 여야든지, 서로 총 자랑하다가 사고 납니다.

만약 휘태커 가족에게 총이 주어진다면 생각만 해도 끔찍하기만 합니다.

2023. 3. 18.

한국일보 2023년 5월 19일 금요일

## 대의멸친(大義滅親)하라

강창구
워싱턴편 평통 회장

대대로 '근친혼'을 해오던 한 가족의 비극적인 생활이 최근 유튜브를 통해 전세계에 큰 충격을 주고 있다. 필자도 그걸 영상으로 보고 나서 말로는 표현할 수 없을 정도로 깊은 절망감을 느꼈다. 미국 웨스트 버지니아의 오드여 사는 John Whitaker inbred family에 대한 이야기다.

영상에서 보면 가족중에는 정상적으로 언어소통을 할 사람이 없어서 현재 그들의 생활상태와 배경을 정확히 인터뷰하는 것조차 불가능해 보였다. 그들은 추정컨대 한집에 여러 마리의 강아지와 함께 살면서 관계를 맺어 변식을 한 것처럼 가족관계를 확인하는 것도 어렵고, 서로 얽히고 설킨 유전병으로 인해 도저히 인간의 언어가 아닌 개가 짖는 것 같은 소리로 소통을 하고 있었다.

또한 그들의 생활공간을 보면 끔찍했다. 마치 연출된 좀비영화의 세트와 같다고 보면 된다.

흔히들 성격 차이나 종교, 인종적, 이념적, 가치관, 세계관 등이 다를 경우에서 오는 갈등과 스트레스 때문에 비슷하고 이숙한 성향만을 찾아서 '카테고리'를 유유상종(類類相從)하게 된다.

다른 생각이나 다른 관점에 대한 관심으로 태도는 필요할 때지만 철저하게 배제하는 것은 물론 스스로 호각시키거나 하면서 확증과 확증편향을 강화해 간다. 단기적으로는 별문제 없을 지는 모르겠으나 조금만 더 멀리 보면 이런 극단이 지속되었을 때 생기는 부작용의 생물학적 막장을 이근친은 가족들이 여과없이 보여주고 있는 것이다.

명심보감 훈자편(訓子篇)에 '빈객불래문호속(賓客不來門戸俗)이요 시서무교자손우(詩書無敎子孫愚)' 즉 집에 손님이 끊기면 속되게 되고, 시경, 서경을 가르치지 않으면 자손이 어리석어진다는 부작용의 생활학적 막장을 이근친은 가족들이 여과없이 보여주고 있는 것이다.

고. 나는 나의 길을 가겠다는 걸 억지로 안내하고 이해할 필요까지 없다. 그런데 아무리 작은 단체나 조직이라도 그 리더가 이런 식이라면 그런 리더가 속한 전체가 불행해지는 건 자명하다. 하물며 국가의 지도자라면 심각할 수 있다. 현상유지는 될지 몰라 발전은 없다.

미국에서는 매일 120명이 총에 맞아 죽는다. 매일 200명이 총기부상을 당한다. 1주일에 800명, 한달이면 3,600명이 총으로 죽는다. 전쟁도 이런 전쟁이 없다. 분쟁의 역사적으로 가장 유사한 영국은 인구 10만명당 미국의 1/1000다. 미국에서는 10배도 아니고 100배나 많이 죽는다. 영국

보수당의 주도로 민간의 총을 정부가 사들이고 강력 억제책으로 자동, 반자동, 권총 사실은 거의 금지되었다. 미국의회는 과연 누구를 위해 존재하는가, 총기규제에 대한 대화는 거의 찾을 수가 없다. 참 어리석다. 국민들이 불쌍하다.

미 국무부는 러시아를 향해 5/15일 핵탄두 1,419개를 공개했다. 대응으로 한 도미사일(ICBM)숫자까지도 공개했다. 지극히 미국식이다. 그러면서 우크라이나전쟁 이후에 당사국간 또는 관계국간에 '대화'의 기미는 전혀 없다. 그는 사이에 무고한 사람들만 날마다 희생당하고 있다. 자기편 끌어모으는 데 정신이 없다. 배울 게 없어서 이런 각국의 리더들도 따라 배우려 한다.

그런데 영국, 프랑스, 독일 등 유럽 NATO 국가들은 관계국인데도 불구하고 자국의 이익과 국민을 보호하기 위해서 우크라이나 전쟁에 일정 거리를 유지한다. 이게 보인다.

2019.2.27 북미 하노이 회담 결렬은

한민족에게 큰 좌절감을 주었고 국제질서, 특히 북미관계의 현재의 상황을 하나하게 보여주었다. 대화 상대에 대한 서로의 무지와 불신이 한반도의 미래를 더욱 암울하게 만들어 버리고 지금에 이르고 있다. 대화의 여지가 거의 없어 보인다.

무는 개는 짖지 않는다. 그래서 그런지 조용하면 더 이상하고 두렵다. 휘태커 가족은 날마다 이런 일을 끔찍하고 있는 지상낙이 되지 않는다. 시간이 되면 영상을 한번씩 보길 권한다.

그리고 의도적으로는 평소에 다른다는 분들과 식사도 해보고, 이야기도 해보시는 게 '사람사는 세상을 만들 수 있다고 생각한다. '만나서 이야기 좀 하자' 그게 그렇게 어려울까? 그런 당신의 고집으로 이웃과 사회가 힘들어 한다. 그게 가족이든, 남북이든지, 여야든지, 서로 총쟁랑하다가 사고 난다. 만약 휘태커 가족에게 총이 주어진다면 생각만해도 끔찍하기만 하다.

Top of Form

**꽃은 젖어도 향기는 젖지 않는다**

ⓒ 강창구, 2023

초판 1쇄 발행 2023년 8월 15일

지은이      강창구
펴낸이      이기봉
편집        좋은땅 편집팀
펴낸곳      도서출판 좋은땅
주소        서울특별시 마포구 양화로12길 26 지월드빌딩 (서교동 395-7)
전화        02)374-8616~7
팩스        02)374-8614
이메일      gworldbook@naver.com
홈페이지    www.g-world.co.kr

ISBN    979-11-388-2181-0 (03330)